Lektorat Burghard König

Unsere technisierte und automatisierte Arbeitswelt steht dem Bedürfnis nach ausreichender Bewegung und ungezwungener Kommunikation oft entgegen. Um so wichtiger ist für unser Leben der Sport geworden: als gezieltes Fitnessprogramm, als Freizeitgestaltung oder als gemeinschaftsförderndes Spiel.

Die *rororo Sportbücher* zeigen Wege auf, wie man allein oder in der Gruppe zu einer sinnvollen körperlichen Betätigung kommt. Sie informieren den Anfänger und geben Anleitungen für den Freizeitsportler, enthalten Lehr- und Übungsprogramme für den Fortgeschrittenen und stellen dem Lehrer methodisch wie didaktisch erprobte Unterrichtsmaterialien bereit.

Die in regelmäßiger Folge erscheinenden Bände runden sich zu einer in sich geschlossenen Sportbibliothek ab.

Segeln

Training
Technik
Taktik

Horst Schlichting

Rowohlt

Originalausgabe

Umschlagentwurf Werner Rebhuhn (Foto Karlheinz Oster)
Layout Werner Rebhuhn/Angelika Weinert
Graphik Heinz Waldvogel
Fotonachweis siehe Seite 171
Veröffentlicht im Rowohlt Taschenbuch Verlag GmbH,
Reinbek bei Hamburg, März 1977
© Text und Abbildungen Rowohlt Taschenbuch Verlag GmbH,
Reinbek bei Hamburg, 1977
Alle Rechte vorbehalten
Satz Times (Linotron 505 C)
Gesamtherstellung Clausen & Bosse, Leck/Schleswig
Printed in Germany
780-ISBN 3 499 17005 1

Inhalt

Vorwort	7
Einführung in den Segelsport	8
Kleine Bootskunde	**11**
Bootstypen und Bootsklassen	14
Stehendes und laufendes Gut	27
Mast und Baum	30
Das Segel	31
Bedienungselemente	39
Bootskaufberatung	48
Indienststellen des Bootes	49
Theorie und Praxis des Segelns	**51**
Segeltheorie	51
Knoten und Steke	66
An- und Ablaufen am Strand	71
An- und Ablegen	74
Trimmen	77
Aufschießer	80
Beiliegen	80
«Mann über Bord»	82
Die Kenterung	88
Das Schleppen	91
Das Ankern	94
Spinnaker-Segeln	99

Boot und Auto 104
Fahren mit Boot und Bootsanhänger 104
Ab- und Ausslippen 110

Wind, Wasser und Wellen 112
Das Wetter 112
Wasser, Wind und Haut 115
Verletzungen an Bord 116
Baden vom Schiff aus 117

Ausbildung und Recht 119
Führerscheine und Segelschulen 119
Wegerecht 121

Sportliches Segeln 125
Vermessung von Boot und Segel 125
Regattasegeln 126
Start und Regatta 130
Beispiel eines Start- und Regattaablaufs 134
Wichtige Grundbegriffe
aus den Internationalen Wettsegelbestimmungen (IWB) 141

Anhang 147
Nationalitäten- und Klassenzeichen 147
Lichterführung auf Sportsegelbooten 149
Tageszeichen und Schallsignale 150
Glossar 153
Literaturhinweise 165
Über den Verfasser 167
Sachregister 168
Fotonachweis 171

Vorwort

Immer mehr Menschen wählen das Segeln zu ihrem Hobby. Jahr für Jahr wächst die Zahl derer, die an den Küsten- und Binnenrevieren diese gesunde Sportart wählen. Ausschlaggebend ist nicht nur die Sehnsucht nach mehr Freiheit oder nach dem Abenteuer, sondern auch und gerade die Hinwendung zum Freizeitsport. Zur Kraftquelle gegen den Berufsstreß wird Segeln jedoch erst dann, wenn man die eigene körperliche Konstitution voll auf die sportlichen Aktivitäten abstimmt. Ein Zuviel kann ebenso schädlich sein wie ein Zuwenig, das zur Unzufriedenheit und Abkehr vom Wassersport führt. Wie bei allen anderen Sportarten kommt es also auch beim Segeln auf die richtige Zeitplanung und Dosierung an.
Ein weiterer wichtiger Punkt für eine ideale Sportausübung ist die richtige Wahl des Schiffes; denn bei kaum einer anderen Sportart stehen Material und eigene Sicherheit in so enger Beziehung wie beim Segeln. Die Elemente Wind und Wasser lassen sich nicht mit Gewalt erschließen. Nur langsam gelingt dem Anfänger die volle Ausschöpfung aller Techniken und Möglichkeiten. Hat man die wesentlichen Tricks und Handgriffe erst einmal erlernt, ist der Weg für ein technisches oder taktisches Improvisieren frei. Schritt für Schritt werden die Könner Theorie und Praxis in das richtige Verhältnis zueinander bringen. Unter solchen Voraussetzungen ist das Segeln eine der attraktivsten Sportarten überhaupt.
Dieses Buch soll dazu verhelfen, daß die bewußte ‹Handbreit Wasser unterm Kiel› immer vorhanden ist.

Timmendorfer Strand, im Oktober 1976 *Horst Schlichting*

Einführung in den Segelsport

Segeln lernen kann eigentlich jeder, auch wenn die körperliche Konstitution und gewisse Mindestvoraussetzungen aus ärztlicher Sicht sowie das Schwimmen-Können eine wesentliche Rolle spielen.
Beginnen sollte man mit dem Segeln so früh es geht; ein Anfang ist grundsätzlich nicht an irgendein Lebensalter gebunden. Bevor man sich zum Bootskauf entschließt, sollte man jedoch einen Urlaub dazu verwenden, um bei einer der zahlreichen *Segelschulen* einen Kursus zu absolvieren. In der Gemeinschaft mit anderen Segelschülern lernt es sich wesentlich leichter als allein unter den Augen ‹gestandener› Segler. Auch bei dieser Sportart ist das Selbsterlernen nicht die ideale Methode. Hat man sich einmal falsche Handhabungen angewöhnt, dann sind diese Fehler nur schwer wieder auszumerzen.
Die Segelschulen haben große Erfahrungen im Umgang mit Anfängern. Das gibt jedem die Gewähr, daß die Reihenfolge des zu erlernenden Stoffes und der Segeltechnik im zeitlich richtigen Verhältnis zueinander stehen. Die manchmal etwas eintönig scheinende Theorie ist dabei notwendiges Übel.
Ohne Grundkenntnisse kommt man beim Segeln nicht aus; wir werden im Laufe dieses Buches noch auf Einzelheiten in dieser Richtung eingehen. In vielen Fällen liegt ein Segelrevier mit einem oder gar mehreren Jachtclubs in der Nähe. Je nach örtlichen Gegebenheiten kann man auch dort seine seglerische Ausbildung erhalten und sozusagen als Test eine Gastmitgliedschaft erwerben. Die Segelvereine und Clubs pflegen nicht nur die Regatta- und Tourenseite des Sports, sondern haben auch gesellschaftlich einiges zu bieten.
Im Bundesgebiet und in West-Berlin sind über 1700 Segelvereine

angesiedelt. Alle sind regional nach Bundesländern eingegrenzt und elf Landes-Seglerverbänden zugeordnet. Dachverband ist der *Deutsche Segler-Verband* mit Sitz in Berlin und Verwaltung in Hamburg. Der Deutsche Segler-Verband vergibt die Segelscheine und Sportbootführerscheine nach bestandener Prüfung vor einer Prüfungskommission eines Verbandes oder Vereins.

Die eingangs erwähnten körperlichen Voraussetzungen zum Erwerb eines *Segelscheines* werden von einem Arzt attestiert. Mit Hilfe dieses Segelscheines können wir im In- und Ausland ein Boot chartern, ohne daß man sich auf lange Diskussionen mit dem Verleiher einlassen muß. Natürlich wird einem immer nur der Wasserbereich von korrekten Vercharterern erlaubt werden, dessen Geltungsbereich der Segelschein hat, den man ihm vorlegt (A = Binnenfahrt, BR = Revierfahrt, BK = Küstenfahrt usw.).

Nicht auf allen Revieren ist der Bootsmotor an oder in der Segeljacht erlaubt. Wissen sollte man zudem, daß jeder Bootsbesitzer, der einen Motor über fünf PS Stärke benutzt, einen amtlichen *Sportbootführerschein* haben muß. Für diesen Schein gibt es bei Segelschulen und Vereinen getrennte Kurse, die von einer besonderen Prüfungskommission abgenommen werden. Das hat mit den anfangs erwähnten Segelscheinen nichts zu tun; dieser Sportführerschein hat sogar amtlichen Charakter und wird gemeinsam vom Deutschen Segler-Verband und dem Deutschen Motorjacht-Verband ausgegeben.

Der sportliche Wert des Segelns kann nicht hoch genug bewertet werden. Der Ablauf aller Arbeiten an Bord verlangt den Einsatz aller Muskelpartien des Körpers. Die Elemente der Natur in ihrer Unberechenbarkeit verlangen schnelle Reaktionen. Das ‹Flachatmen›, hervorgerufen durch wenig Bewegung an frischer Luft, wird durch tiefes kräftiges Luftholen ersetzt – eine natürliche Folge aus dem hohen Energiebedarf der vermehrt eingesetzten Muskeln. Die kadenzenartige Bewegung des Bootes in der Welle zwingt unseren Körper zum Mitgehen; die ausgleichenden Bewegungen unseres Oberkörpers in Richtung ‹Gleichgewicht› führen zu einer ständigen Massage der Bauchmuskulatur. Der permanente Einsatz aller Organe bei der Sportausübung läßt uns die täglichen Probleme vergessen. Das ist nach Ansicht vieler Sportmediziner das beste Mittel gegen den Streß unserer Tage.

Ferner kommt man der Natur ein ganzes Stück näher; denn Binnen- und Küstenreviere haben nicht nur große landschaftliche Reize, sondern bieten uns auch die Schönheiten von Wetter und Wolken. Nur langsam wird ein naturentwöhnter Anfänger diese Vorzüge schätzenlernen. Hat er einmal seine Liebe zum Wasser entdeckt, dann läßt es ihn bis ins hohe Alter nicht mehr los.

Als nächste Institution erwartet den zukünftigen Segelbooteigner die

Klassenvereinigung, die nach außen hin seine Interessen im Hinblick auf den von ihm gekauften Bootstyp vertritt. Diese Vereinigungen sind lose Zusammenschlüsse von eingeschriebenen Clubmitgliedern. Sie verhindern, daß Maße und Formen von Segel und Bootskörper sowie Beschläge von Werften und Eignern verändert werden. Die Gleichheit des Bootsmaterials ist nämlich Voraussetzung für einen gerechten Regattasport. Das alles überwachen die technischen Ausschüsse des Deutschen Segler-Verbandes in Verbindung mit den Vorständen der Klassenvereinigungen.

Eine Folge dieser Bemühungen ist natürlich auch die Werterhaltung jedes einzelnen Schiffes. Regatten und tourensportliche Ereignisse werden von den Verbandsvereinigungen und bei Meisterschaften sogar zusammen mit dem Deutschen Segler-Verband geplant und veranstaltet.

Der Deutsche Segler-Verband mit der Kreuzer-Abteilung bietet eine ganze Reihe von Möglichkeiten zur Fortbildung und Förderung talentierter Segler. Auf dem in zweijährigem Turnus stattfindenden Seglertag, einer Art Bundestag, werden alle anstehenden Probleme und Fragen diskutiert und einer Klärung zugeführt. Nicht zu übersehen ist die große Zahl derer, die sich keinem Verein oder Verband anschließen. Sie organisieren sich in den meisten Fällen zu sogenannte Seglergemeinschaften oder haben ihr Schiff im Garten bereitliegen, um sporadisch auf einem See zu segeln.

Kleine Bootskunde

Bis Anfang der 50er Jahre baute man Sport-Segeljachten jeder Größe hauptsächlich aus Holz. Einige große Schiffe fertigte man aus Stahl oder sogar aus Aluminium. In den Holzbauweisen unterschied man vier Beplankungsarten, nämlich *Klinker, Karweel, Nahtspant* und *Diagonal-Karweel*. In jedem Fall ging es den Bootsbauern um die regional geforderte oder benötigte Form des Schiffsrumpfes. Besuchte man früher eine Holzboot-Werft, dann sah man auf einer Helling die Gerippe aus Längsverbänden, Stringern, Bodenwrangen und Querverbänden stehen. Für einen Laien kaum vorstellbar, daß daraus einmal ein seetüchtiges Schiff werden sollte. – Bootsbauer sind Allround-Handwerker. Sie schaffen nicht nur eine glatte Rumpfhaut, sondern versehen auch den Innenausbau einer Jacht mit der allseits geforderten gemütlichen Atmosphäre.
Revolutionierend war das aus dem Schnellbootbau übernommene Prinzip des formverleimten *Sperrholzrumpfes*; heute noch bevorzugen viele bekannte Rennsegler diese Bauweise. In seiner Entstehung ist der formverleimte Rumpf dem alten Prinzip des Diagonal-Karweels gleichzusetzen, nur daß die einzelnen Lagen furnierdünn und vielschichtig auf einen vorher gebauten Holzkern aufgebracht werden. Als Klebstoff zwischen den einzelnen Holzlagen verwendet man Epoxydharz-Leime. Diese Holzbauweise ist also im Grunde fast als Kunststoff-Holz-Mischbauweise zu bezeichnen. Jollen und auch große Jachten, die mit dieser Methode hergestellt werden, haben ein besonders gutes Seeverhalten, sind sehr stabil und langlebig. Selbst der große Zweitonner *Rubin*, der Mitgewinner des Admirals Cup vor Cowes/England, war so ein formverleimtes Sportschiff.

Die 3 Beplankungsarten

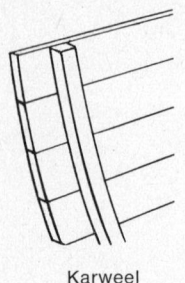 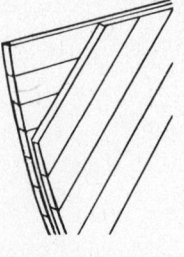 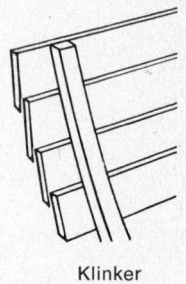

Karweel Diagonal-Karweel Klinker

Wird ein Holzrumpf richtig lackiert, ist er sogar *pflegeleicht*; aber um eine gelegentliche Neulackierung kommt selbst der vorsichtigste Segler nicht herum. Anders ist es bei den reinen Kunststoffbooten, die man zeitweise mit einem speziellen Reinigungsmittel abreiben und wieder aufpolieren muß. – Es bleibt wohl eine Streitfrage, ob das weniger Pflegearbeit erfordert. Im Gegensatz zum Holzboot zieht nämlich ein Kunststoffrumpf viel Staub und Schmutz durch statische Aufladung an. Dadurch muß es des öfteren mit Wasser und Reinigungsmitteln behandelt werden. Nach einer bestimmten Zeit werden helle Flächen grau und verlangen geradezu eine gründliche Säuberung mit einer Bootspolitur. Achten sollte man stets darauf, daß diese flüssigen, der Autopolitur ähnlichen Mittel kein Silikon enthalten. Falsche Polituren machen ein Bootsdeck sonst leicht zu einer gefährlichen Rutschbahn.
Holzboote benötigen fast jährlich einen neuen *Anstrich* mit Bootsfarbe oder Jachtlack. Die Vorbehandlung der Flächen durch Schleifen oder Abbeizen kostet viel Zeit und Schweiß; denn nur der richtige Aufbau der Vorlacke und Hauptanstriche ist eine Garantie für die Langlebigkeit des Schiffsholzes. Holz in Salzwasser oder Binnenrevieren unterliegt nämlich einer permanenten Herausforderung zum Wasseraufnehmen. Das führt nach Jahren des Gebrauchs zum Verrotten des gesamten Schiffsrumpfes. Viele Holzbootbesitzer richten deshalb besonderes Augenmerk auf die richtige Farbschutzerhaltung ihrer Jacht.
Auch Stahl- und Aluminiumrümpfe machen da keine Ausnahme. Hier empfiehlt sich ebenfalls eine richtige Farben- und Vorlackfolge. Haftvermittler und Rostprimer gehören zu den wichtigsten Voraussetzungen für eine dauerhafte Grundierung. Hat man sich für eine Lacksorte entschieden, dann muß man auch alle anderen Vorbehandlungs- und Verdünnungsmittel von diesem Hersteller verwenden; unterschiedliche Konsistenzen zerstören sonst die Bindefähigkeiten der Lacke

untereinander. Die Pflege der Boote in der Saison beschränkt sich in diesem Fall auf normales Waschen mit nicht ätzenden Bootswaschmitteln. Stahlschiffe sind vor einer Farblackierung spritzverzinkt worden; deshalb ist auch ihre Lackierung von einer perfekten Grundierung abhängig. Ansonsten behandelt man sie wie Holzschiffe und lackiert sie nach Erfahrungswerten.

Gebräuchlichste Bauweise bei Kunststoffjachten ist heute *GFK*, das heißt «glasfaserverstärkter Kunststoff». Hier wird im umgekehrten Verhältnis gebaut als beim Formverleimen. Die Form ist eine Negativ-Rumpfform, in der von außen nach innen gebaut wird. Zum besseren Verständnis: Man nehme eine normale Schale und beginne die Innenseiten zu tapezieren, immer eine Lage Tapeten nach der anderen übereinander. In gleicher Weise verfährt man beim GFK-Handauflegeverfahren (zum Teil auch schon maschinell). Der Bootsbauer spritzt oder streicht zuerst die vom Käufer gewünschte Farbe in die gewachste Negativform und legt darauf dann in langen Bahnen seine geharzten Glasfaser- oder Rovingmatten. Langsam erhärten in der Form die fest mit Harz angerollten Matten und bilden ein festes Laminat. Ist die gewünschte und berechnete Dicke des Bootskörpers erreicht, wird der Rumpf in einen besonders geheizten und klimatisierten Raum geschoben und dort zur endgültigen Aushärtung einige Zeit gelassen (Tempern). Jachten, die so gebaut werden, sind später immer frei von störenden süßlichen Kunststoffgerüchen. Nach diesen Arbeiten wird der Jachtrumpf entformt und mit dem in gleicher Weise gebauten Deck zusammenlaminiert. Dann folgen die Einbauten im Inneren des Schiffes.

Eine Weiterentwicklung des GFK-Verfahrens ist das *Kunststoff-Depotverfahren*. Hier wurde die Forderung nach Unsinkbarkeit durch Eigenauftrieb und besondere Festigkeit vereint. Zum besseren Verständnis: Der zweischalige Kunststoffrumpf wird unter Druck mit feinporigem Kunststoffschaum gefüllt (Stützkern). Dadurch werden die Rümpfe leichter, extrem formstabil und sicher.

Eine weitere Methode, die immer mehr raumgreift, ist das Bootsbauen mit *Beton*. Hier wird auf ein Gerippe von Maschendraht, genau der späteren Bootsform entsprechend, ein Spezialbeton aufgedrückt. Mit solchen Betonjachten, denen man übrigens nach Fertigstellung ihren Baustoff nicht mehr ansieht, sind schon Atlantiküberquerungen vorgenommen worden.

Bootstypen und Bootsklassen

Bei Segeljachten unterscheidet man zwischen Schwertbooten, den sogenannten Jollen, Kiel- bzw. Kielschwert-Jachten, Kimmkielern und den Mehrrumpfbooten. Neuerdings kommt die zahlenmäßig recht große Gruppe der Brettsegler (Windsurfer) hinzu.

Jollen sind kleinere Segeljachten, die unter ihrem Rumpf im Wasser ein Schwert gegen die seitliche Abdrift durch Winddruck haben. Das Schwert ist in den meisten Fällen eine Metallplatte, die senkrecht in Fahrtrichtung im Wasser hängt und nach oben aufholbar ist. Jollen sind besonders schnelle und wendige Gleiter, die im Gegensatz zu Kielbooten kentern können.

Kielboote hingegen sind unkenterbar; sie können aber im Unterschied zu den Jollen voll Wasser laufen und sind dann sinkbar. Das hört sich natürlich im ersten Augenblick gefährlich an; aber in der Verhinderung solch extremer Situationen liegt die eigentliche Kunst des Segelns. Kielboote haben gegen die Abdrift einen festen, nicht aufholbaren Ballastkiel unter dem Schiffsrumpf. Dieser wirkt mit seiner tiefhängenden Last wie das Blei am Fuß eines Stehaufmännchens. Je mehr sich eine Jacht auf die Seite legt (krängt), desto stärker wirkt die aufrichtende Kraft des Kielgewichts.

Die *Kielschwerter* und *Kimmkieler* sind revierbedingte Varianten der Kieljachten. Will man im flachen Wasser der Wattengebiete oder in Strandnähe eines See- oder Binnenreviers segeln, muß der Tiefgang veränderbar sein. Deshalb kann man bei der Kielschwertversion das zusätzlich aus dem kurzen Kiel herausgelassene Schwert einziehen. Ein Kimmkieler dagegen hat kurze Kielstummel an der seitlichen Peripherie des Rumpfes, und zwar je einen auf jeder Seite unter der Wasseroberfläche. In Gebieten mit Ebbe und Flut (Tide) kann ein Kimmkieler, fällt er einmal trocken, gefahrlos auf seinen beiden seitlichen Kielstummeln stehen. Ansonsten haben die Kimmkiele die gleiche kursstabilisierende Funktion wie der tiefe Mittelkiel oder das Schwert bei der Jolle.

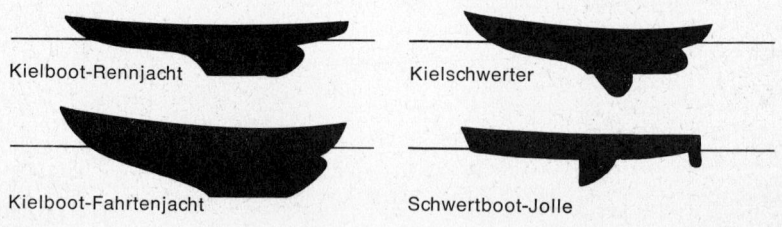

Kielboot-Rennjacht   Kielschwerter

Kielboot-Fahrtenjacht   Schwertboot-Jolle

Bootstypen

Strandsegler

Tonner

Mehrrumpfboote gibt es als Katamarane mit zwei Rümpfen oder als Trimarane mit drei Rümpfen. Diese Rümpfe nennt man in der Fachsprache Schwimmer. Sie haben Schwerter und erreichen hohe Geschwindigkeiten. Mehrrumpfboote gibt es in vielen Größen und Ausführungen. Vom offenen kleinen Einmann-Katamaran bis zum gedeckten großen Seekreuzer reicht die Palette. Erschwerend für die ungehinderte Ausbreitung dieses Jachttyps ist der große Liegeplatzbedarf im Jachthafen und Winterlager. Schon bei einem mittleren seegängigen Katamaran wird eine Liegeplatzbreite von mindestens vier Metern benötigt; besonders verbreitet sind Zwei- und Dreirümpfer deshalb in Ländern mit langen Meeresküsten.

Die letzte Kategorie der Segelfahrzeuge in dieser Aufzählung sind die Segelsurfer oder Breitsegler. Die ursprünglichen Surfbretter hat man etwas verlängert, profiliert und mit einem kleinen Segel versehen. Stehend kann man nach einiger Zeit intensiven Trainings mit Windantrieb über das Wasser surfen. Da man dieses Brett samt Zubehör leicht auf dem Autodach transportieren kann und der Anschaffungspreis niedrig ist, hat sich das Segelsurfen sehr schnell verbreitet; in den ersten drei Jahren nach der Einführung dieser Windsurfer wurden allein über 30 000 Exemplare verkauft.

Will man sich einen Überblick über alle auf dem Markt befindlichen Jachttypen verschaffen, dann sollte man sich im Fachbuchhandel ein Sammelverzeichnis kaufen. Solche Kataloge werden von bekannten Verlagen herausgegeben und jährlich auf den neuesten Stand gebracht. Eine der besten Informationsmöglichkeiten sind jedoch Bootsausstellungen. Hier kann man sich ein den finanziellen und familiären Verhältnissen angemessenes Boot aussuchen.

Bei der Vorstellung der Bootsklassen wird man mit den sogenannten Einhandbooten beginnen – *Einhandboote* deshalb, weil sie im Gegensatz zu den meisten anderen Jachten nur ein Segel haben (Kat) und bei Regatten nur von einem Segler gefahren werden dürfen. Das bekannteste Einhandboot ist das Finn-Dinghy, mit dem Deutschlands bekanntester Segler Willi Kuhweide vor Japans Enoshima eine olympische Goldmedaille ersegelte. In den letzten Jahren kam der ‹Laser› hinzu. Er expandierte ähnlich schnell wie das Surfsegelbrett. Bekannteste Einhandklasse mit einem Hubkiel ist der ‹Monarch›. Bei diesem Segler ist ein schwertähnlicher Hubkiel mit einer zigarrenförmigen Bombe angebracht. Den Hubkiel kann man hochkurbeln und dann auch Flachwasser befahren. Weitere Typen dieser Einmann-Segler, die übrigens auf Wanderfahrten bis zu vier Mitseglern Platz bieten und um die fünf Meter lang sind, kann man in den Bootskatalogen finden.

Es folgen die *Zweimann-Jollen*. Unter ihnen gibt es gleich vier weltweit verbreitete Klassen. Die olympische Klasse der Flying-Dutchman, in

Bootstypen 17

Eissegler
Zugvogel (links) und Jollenkreuzer (rechts)

der auf der Olympiade in Kingston/Kanada die Gebrüder Diesch aus Konstanz die Goldmedaille ersegelten, die olympische 470er-Klasse, mit der die Iserlohner Frank Hübner und Harro Bode ebenfalls die Goldmedaille gewannen, den Korsar als nationale Einheitsklasse und den 420er als internationale Klasse.

Bei Bootslängen um 6,5 Meter kommen wir zu den Klassen der ‹Offenen Zweimann-Kielboote›. In dieser Gruppe sind die olympische Tempest, die Dyas und die Sailhorse die bekanntesten. Die Soling als Olympiaboot, der Drachen und die Trias dominieren bei den Dreimann-Kielbootsklassen mit nationalem oder internationalem Status.

Bei den *Mehrrumpfbooten* ist der bekannteste Typ der Tornado. Dieser Katamaran ist Olympia-Klasse und wohl das schnellste Segelfahrzeug überhaupt. Jörg Spengler und Jörg Schmall erreichten mit ihm die Bronzemedaille in Kingston. Auch in dieser Klasse gibt es einen Senkrechtstarter mit hohen Bauzahlen, den Hobie-Cat. Seine bananenförmigen Schwimmer haben nicht einmal mehr ein Schwert und geben dem ganzen Gefährt ein typisches Südseeinsulanergepräge. Das Angebot dieser Mehrrumpfboote ist ebenfalls weltweit.

Um in der Größeneinteilung zu bleiben, muß noch die Klasse der *Jollenkreuzer* genannt werden. Es sind dies bis acht Meter lange Schiffe mit Kajütaufbauten (20er-, 15er-, 16er-Jollenkreuzer). Ihre Verbreitung in Europa ist sehr groß; sie sind allerdings fast ausschließlich auf Binnenrevieren zu finden. Wegen des bei Binnenseen typischen flachen Uferstreifens, an denen die Steganlagen meistens liegen, versah man diese Segelboote mit den bei den Jollenklassen üblichen hochziehbaren Schwertern. – An Wohnkomfort stehen sie ihren kielbestückten Brüdern um nichts nach.

Als Randgruppe der Segelfahrzeuge kann man die *Eis-*, *Land-* und *Sandsegler* bezeichnen. Bei diesen Sportgeräten nutzt man den Wind als Antriebsmittel auf dem Eis (Eisschlitten), auf dem Strand oder sogar Wüstensand (Strandsegler). Diese Fahrzeuge mit drei Rädern an einem Fahrgestell erreichen Geschwindigkeiten, die weit über denen der Segler auf dem Wasser liegen.

Die Gruppe der *Kieljachten*, die in Küsten- und Seerevieren oder auf größeren Binnenrevieren segelt, ist in ihrer Typenvielfalt kaum zu beschreiben. Sie beginnt mit dem Kleinstkielboot um die fünf Meter und endet dort, wo die modernen Nachbauten der Windjammer anfangen. Eine Unterscheidung kann aber auch hier nach sportlichen Erwägungen vorgenommen werden. Wer Regatten mit seinem *Dickschiff* (so nennt man die Kieljachten) segeln will, kauft sich eine Rennversion vom Brett eines Jachtarchitekten. Die Tonnerklassen, die vom $1/8$, $1/4$, über $1/2$, $3/4$, Eintonner und Zweitonner reichen, sind ein Beispiel dafür, daß sich Regatten auf Seerevieren zunehmender Beliebtheit erfreuen.

Windsurfer

So unterschiedlich wie ihre Rumpfformen sind auch die Geschwindigkeiten und der Einsatzbereich dieser Segeljachten. Stellt man sich eine Jacht vor, die seitlich gut sichtbar im klaren Wasser liegt, dann sieht man die Silhouette des gesamten Unterwasserschiffs. Diese Seitenansicht unter Wasser, von der Wasserlinie bis Unterkante Kiel oder bei Schwertbooten bis Unterkante Rumpf, nennt man *Lateralplan*. Je kleiner der Lateralplan ist, desto kleiner wird auch die benetzte Fläche des Rumpfes unter Wasser. Daraus kann man unter bestimmten Voraussetzungen Rückschlüsse auf die zu erwartende Geschwindigkeit einer Segeljacht ziehen. Nur Wasserverhältnisse und Wind können diese Theorie über den Haufen werfen. Reine Rennjachten mit einem bis an die Grenzen des möglichen beschnittenen Lateralplan sind deshalb in den meisten Fällen schneller als ihre Kollegen mit langen Lateralplä-

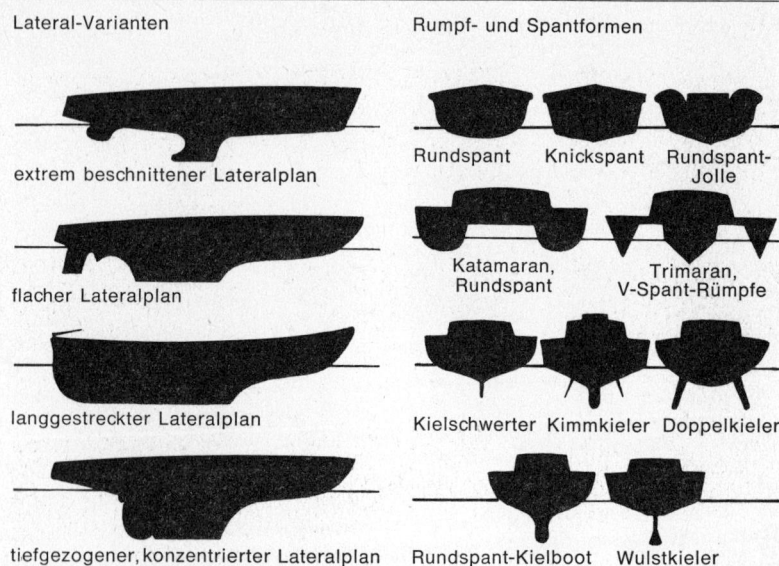

nen. Die Endstabilität eines typischen Langkielers bringt wesentlich mehr Kielgewicht ins Wasser; dieses erlaubt zwar nicht die großen Spitzengeschwindigkeiten, verhindert aber die kräftezehrende Arbeit an Deck beim häufigen Segelwechseln auf Langtörns.

Die physikalische Regel, daß Masse schiebt, gilt auch beim Segeln. Ist ein Fahrtenschiff mit viel Ballastanteil erst einmal richtig in Fahrt, dann nimmt es auch die Wellen leicht und durchschneidet sie wie das Messer die Butter. Deshalb bemühen sich die Jachtkonstrukteure immer wieder um Kompromisse zwischen Renn-, Segeljachten und Tourenschiffen. Nur auf sogenannten Extremschiffen ist es kahl und unfreundlich unter Deck.

Die meisten Eigner kombinieren Schnelligkeit des Rumpfes mit gemütlicher Wohnlichkeit. Oftmals gelingt einem erfahrenen Planer dabei der große Wurf; die Summe aller Eigenschaften wird dann zum entscheidenden Vorteil. Regattaschiffe mit ihrer hohen Formstabilität und niedrigem Kielgewicht können bei besonders hartem Wetter einem Langkieler gegenüber sogar im Nachteil sein. Nur haben die Regattajachten im Rennen Mannschaften an Bord, die mit allen Situationen von Wind und Welle fertig werden und witterungsbedingte Nachteile durch Segeltechnik wieder ausgleichen oder gar aufheben können.

Mehrrumpfsegler

Bug- und Heckformen

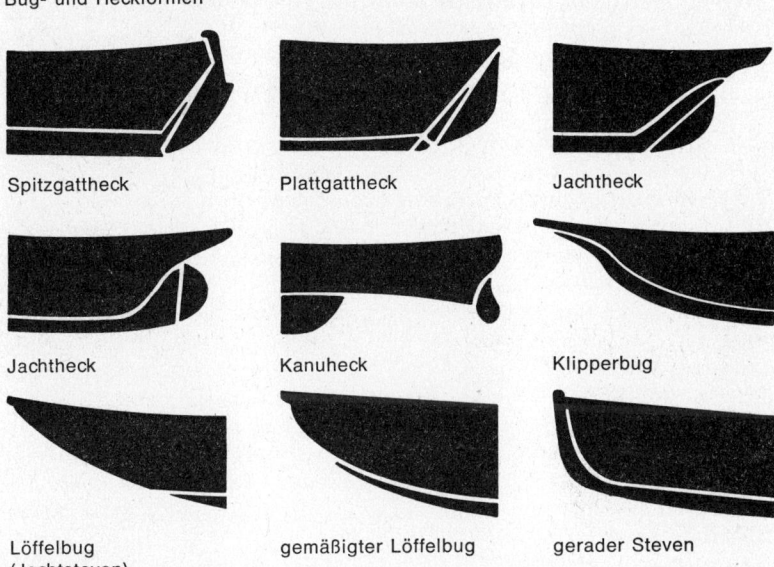

Spitzgattheck Plattgattheck Jachtheck

Jachtheck Kanuheck Klipperbug

Löffelbug (Jachtsteven) gemäßigter Löffelbug gerader Steven

Die eingeschworenen Hochsee-*Mehrrumpfsegler*, die keinen schweren Kiel mit sich herumfahren müssen und im Oberflächenwasser gleiten, schmunzeln beim Gedanken an solche Konstruktionsüberlegungen. Sie verachten geradezu die störende Reibung des großflächigen Kielwiderstandes. Ihre geringe benetzte Fläche bringt sie jedoch oftmals in Kentergefahr, die nicht immer glimpflich abgeht. Fällt ein Mehrrümpfer in einer Bö um, dann wird schon durch die schnelle Durchkenterbarkeit solcher schmaler Bootsrümpfe ein zügiges Wiederaufrichten zum Problem. Es gibt eigentlich nur bei den kleineren Bootstypen dieser Art ein ‹Patentrezept› zum Aufrichten und Weitersegeln: Bei den offenen kleineren Katamaranen empfiehlt sich ein Anbringen von selbstaufblasbaren Ballons im Masttopp. Diese Spezialballons öffnen sich durch einströmende Luft oder Gas bei der Berührung mit dem Wasser.

Mehrrumpfsegler sind in vielen Fällen Individualisten, die gern den Hafen meiden und an Strände gehen und dort übernachten. Wegen ihres geringen Tiefganges mit aufgeholten Schwertern erlauben die Mehrrümpfer nämlich ein Auflaufen auf Sandstrand; dieser Umstand kommt den breiten Segelfahrzeugen sehr zunutze. Wo sonst sollte zum Beispiel ein Trimaran in der Hochsaison in unseren Breiten einen Liegeplatz in einem überfüllten Jachthafen finden? – Das Liegeplatzproblem hat natürlich auch die Konstrukteure beschäftigt. Die spektakulärste Lösung brachte ein ehemaliger Flugzeugkonstrukteur aus Solingen. Er baute seine *Sigma* mit einfahrbaren Seitenschwimmern und einem komfortablen Mittelschwimmer. Fährt die *Sigma* in einen Hafen, verkleinert sie durch hydraulisches Einfahren der Seitenschwimmer ihre Breite von immerhin 6,43 auf ganze drei Meter. Damit stehen normale Jachthäfen auch diesem Bootstyp offen.

Eine Randgruppe im Angebot der vielen Bootsklassen sind die *Schlauchboot*-Segler. Die Entwicklung von segeltechnisch einwandfreien Booten ist auch hier vorangetrieben worden. Die Schaffung von Kunststoff-Gummi-Verbindungen und Verstärkungen des Baumaterials mit festen Geweben machte diese Wasserfahrzeuge sehr haltbar und langlebig; die Verletzungsanfälligkeit der Außenhaut durch einen scharfen, spitzen Gegenstand und die damit verbundene Sinkbarkeit wurden durch Mehrkammerbauweisen eleminiert. Die Hersteller haben diese Segelfahrzeuge, die im Autopacksack auf geringstem Raum mitgeführt werden können, mit einer Vorrichtung zum Einstecken oder Aufbauen des teilbaren Mastes ausgerüstet. Alle Teile und Bedienungselemente entsprechen im wesentlichen denen der starr gebauten Segelfahrzeuge.

Es gibt diese Schlauchbootsegler in vielen Bauformen und Schwertversionen. Von altbekannten Seitenschwertern bis neuerdings zu Mittelsteckschwertern reicht die Palette; sportliche Segeleigenschaften können und dürfen jedoch nicht mit denen der üblichen Bauten gleichgesetzt werden. Nicht selten holt sich ein Anfänger mit seinem Gummiboot den ersten Appetit auf ein starres Segelgefährt. Wer kein Wasser in seiner Nähe hat und nur im Urlaub oder erst nach langer Fahrt ein Segelrevier findet, der kann auch mit diesen Booten viel Freude haben.

Hochsee-Katamaran

Bootstypen

Finn-Dinghy
Flying-Dutchman

Bootsklassen 25

Tornado

470er

Bootsklassen

Soling
Tempest

Stehendes und laufendes Gut

Stehendes Gut sind alle Drahtseile, Drähte und Stangen, die am aufgeriggten Schiff nicht unmittelbar zur Bedienung der Segel benutzt werden. Dazu zählen unter anderem Wanten, Stage und Pardunen. Das Vorstag und die Wanten sowie das Achterstag und die Backstagen dienen zur Stabilisierung des stehenden Mastes. Das *laufende Gut* ‹läuft›, wie der Name sagt, über Blöcke und durch Leitösen. Dazu gehören alle Fallen, Schoten und Strecker. Mit der Vorschot bedient man das Vorsegel und mit der Großschot das Großsegel. Fock-, Spinnaker- und Großfall dienen lediglich zum Setzen der Vor- und Großsegel und des Spinnakers.

Das stehende Gut wird in jedem Fall aus nichtrostendem Stahl hergestellt. Die Enden dieser Seile werden mit angepreßten Kauschen oder aufgewalzten Terminals versehen und damit am Schiffsrumpf und am Mast befestigt. Am unteren Ende der Wanten und der Stagen – das ist die Seite, wo sie auf das Deck stoßen – sind Wantenspanner angebolzt. Diese Spanner oder auch Spannschrauben und -räder ermöglichen eine individuelle Verspannung des Mastes. Je nach Art des Riggs und Bootes werden ein oder zwei Vorstagen, Oberwanten und Unterwanten, Babystag, Achterstag und auch Backstagen gefahren. Alle Wanten und Stagen haben nach den ersten Benutzungstagen etwas Nachdehnung bei Belastung (*Reck*)

Es empfiehlt sich daher immer, die Spannschrauben in der ersten Zeit etwas nachzudrehen und damit die richtige Verspannung des Mastes zu erhalten. Auch die Splinte, die ein selbsttätiges Wiederaufdrehen der Wantenspanner verhindern, sollten kontrolliert werden; denn durch die permanente Bewegung des gesamten Segelbootes schwingen Wanten und Stage mit (schlagen) und lösen bei ständiger Turbulenz selbst das bestbefestigte Rigg. Dann kann der Mast umfallen und zerstört werden.

Bei einigen Jollen- und Kielbootklassen ist man deshalb dazu übergegangen, den Mast in einen offenen Mastschuh oder in eine sogenannte *Zahnschiene* zu setzen. Bricht (reißt) dann einmal ein Want, fällt alles über Bord und bleibt heil. Verlieren kann man weder Mast, Baum noch Segel dabei; denn es brechen ja nicht alle Teile des stehenden Gutes zur gleichen Zeit. Von Segelbootsklasse zu Segelbootsklasse verschieden ist die benötigte Härte der Spannung von Wanten und Stagen. Es empfiehlt sich immer, die Angaben des Herstellers genau zu beachten. Denn Masten moderner Bauart sind so dimensioniert, daß sie bei falscher Verspannungshärte zu steif, zu weich oder zu seitenbiegsam sind. Das führt zur vorschnellen Materialermüdung und später zum vorzeitigen Bruch.

Das *laufende Gut* sind Taue aus geschlagenen oder geflochtenen Fasern; heute verwendet man in der Hauptsache geflochtenes Kunststoffmaterial mit hohen Bruchfestigkeiten. Diese Kunststoffschoten haben farbige Kennfäden oder sind insgesamt farbig. Die Farbskala dieser modernen Taue erlaubt eine genaue Kennzeichnung aller Schoten in ihrem Einsatzbereich. So kann man zum Beispiel die Fallen am Mast in weiß mit Kennfaden, die Vorschot in grün, die Großschot in blau und die Spinnakerschoten in orange fahren. Das sieht zwar sehr bunt aus und ist bestimmt nicht jedermanns Sache; aber es verhindert im Augenblick des schnellen Bedienens ein Vergreifen oder Verwechseln.

Kunststoffseile und Schoten haben eine hohe Bruchfestigkeit. Sie eignen sich trotz ihrer glatten Oberfläche vorzüglich für den heutigen Segelsport. Wird Kunststofftauwerk jedoch durch Wasser und Sonne hart, dann verletzt es die Haut Ihrer Hände empfindlich.

Je nach Bootsgröße laufen die *Vorschoten* durch Leitösen oder durch Leitblöcke zum Vorschoter. Der bedient die Vorsegel und sorgt auch dafür, daß die zur Zeit nicht benötigten Längen sauber im Schiff ‹klar› liegen. Vertörnt sich eine Schot im Schiff oder wickelt sich irgendwo herum, dann kann es im Rennen und auch beim Fahrtensegeln unangenehme Folgen haben.

Die *Großschot* wird zum Dichtholen und Fieren des Großsegels gebraucht. Sie läuft über eine Anzahl von Blöcken und muß sich die unterschiedlichste Art der Schotführung gefallen lassen. Die Gesetze der Rollenreibung kommen hier in Reinkultur zur Anwendung. Die richtige Zahl der Blöcke und darin laufend die richtige Schotstärke machen das Bedienen des Großsegels zur Freude. Zu stark dimensionierte Schoten oder zuwenig Blöcke schaffen unnötige Arbeit und schwielige Handflächen. Wenn nicht gerade eine bestimmte Anzahl von Blöcken zur Großschotführung vorgeschrieben ist, sollte man eine nicht zu dicke und sehr griffige Schot über möglichst viele Rollen führen. Ist die Schotführung zu stark übersetzt oder gar mit zu dicken Schoten geschoren, dann geht der größte Teil der Kraft durch Eigenreibung des Tauwerks an den Flanken der Blöcke verloren.

Block ist nicht gleich Block; das merkt man schon nach den ersten Segeltagen. Hat ein Block eine Rolle oder auch mehrere, die nur auf einer Buchse über eine Nietenachse laufen, dann verliert sich nach kurzer Betriebszeit die Leichtläufigkeit. Gute Blöcke haben entweder Kugel- oder Walzenlager und drehen sich ohne Schot wie ein geschmiertes Rad; sie laufen noch über Sekunden nach, und zwar gleichmäßig, ohne zu haken. Blöcke mit Lagern aus Kunststoffen sind wartungsfrei und nützlich an Bord; ihre Haltbarkeit hängt jedoch in den meisten Fällen von ihrem Kaufpreis ab.

Stehendes und laufendes Gut

Stehendes und laufendes Gut an einer modernen Rennjolle

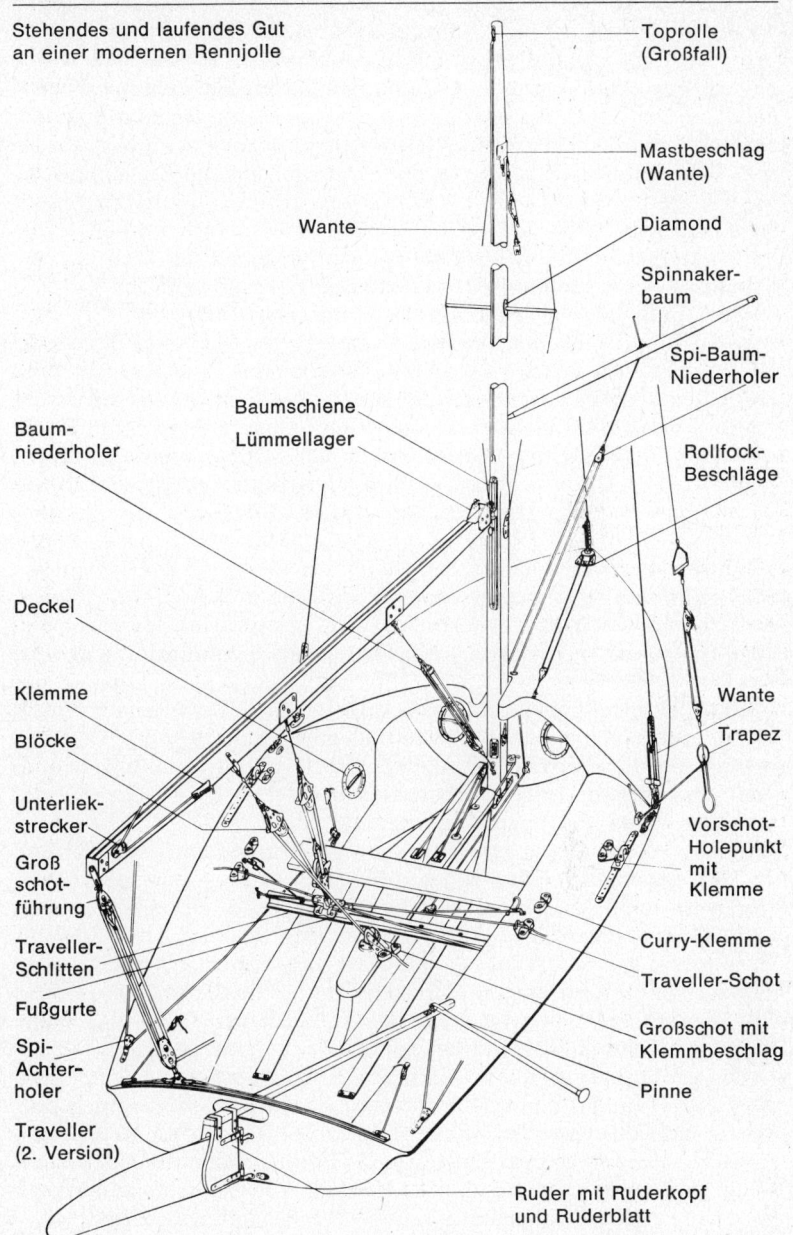

Mast und Baum

Bis zur Perfektionierung der Aluminiummasten-Herstellung verwendete man auf Segeljachten Holzmasten. Das war über viele Jahrhunderte hinweg eine sehr teure Angelegenheit; denn das Bauen von Masten und Bäumen erforderte allerbeste Holzsorten und größte handwerkliche Sorgfalt. Es kam nicht nur darauf an, ein Stück Langholz auf Deck stehen zu haben, das die Segel hochhält, sondern auch auf Langlebigkeit und Flexibilität. Diese Schwierigkeiten minderten sich mit der Schaffung neuer, sehr zäher Aluminiumlegierungen für den Bau der Masten und Spieren erheblich. Das, was man früher nie erreichen konnte, nämlich die gleichmäßige Biegung eines Mastes an der Stelle, wo sie gebraucht wurde, wurde nun Wirklichkeit. Auch bei den *Bäumen*, die entweder durchbiegsam oder steif und unbiegsam gewünscht werden, lösten sich viele Probleme. – Der letzte Hemmschuh für die weltweite Verbreitung von Aluminium im Bootsbau wurde durch die Schaffung von Oberflächenvergütungen beseitigt; Verwitterungen von Aluminium im Salzwasser konnten damit weitgehend ausgeschaltet werden.

Versuche im Windkanal erbringen immer wieder neue Formen von *Mastprofilen*; diese reichen von oval bis rund und von vorn rund bis achtern ganz flach und abgestumpft. Die Vorderseite der Masten ist abgerundet und innen verstärkt; sie wird nämlich ständig durch die Last des Großsegels auf Druck und Zug beansprucht. Die Flanken des Mastprofils sind dünner bemessen und erlauben deshalb je nach Wandstärke eine vorberechnete seitliche Wegbiegung. Das hintere Drittel enthält innen einen stabilisierenden Querriegel (über die ganze Höhe) und – eingelassen oder aufgearbeitet – die Nut zur Aufnahme des Großsegel-Vorlieks (Segelvorderkante).

Wie schon beschrieben, gehen auch die *Wanten* und *Stagen* seitlich und zu Stützungszwecken an den Mast. Für die sichere Anbringung dieser stark belasteten Ausrüstung wurden entsprechende Beschläge entwickelt, die ein ungewolltes Ausreißen aus der weichen Alu-Legierung verhindern. Besonders lange oder stark beanspruchte Masten haben neben Wanten und Stagen eine sogenannte Diamond-Verspannung. Mit diesem Stabilisierungselement verhindert man eine ungewollte Biegung im oberen bis mittleren Bereich des belasteten Mastes.

Unten am Mast ist an einem Lümmellager der *Baum* eingehängt. Er hat die gleiche Nut auf seiner Oberseite wie der Mast an seiner Rückseite. Hierin läuft das Unterliek (Segelunterkante). Unter dem Baum, meistens an dessen hinterem Drittel, sind Ösen angebracht, an denen die schon erwähnten Großschotblöcke hängen. Alle Elemente zusammengenommen schaffen ungeahnte Trimm-Möglichkeiten für Regatta- und

Tourensegler. – Beruhigend für Segler, die das alles zu hochtechnisch finden: Man kann auch Riggs bestellen und fahren, die mit einem Minimum an Einstellbarkeit effektiv arbeiten.
Ein Regattasegler wird jedoch in keinem Fall auf diese Mittel der Geschwindigkeitsbeeinflussung verzichten wollen. Die moderne Kombination von Mast und Segel ist eine gute Sache; hier paßt im Endeffekt alles zueinander. Ein Segelmacher, der mit einem Mastenhersteller zusammenarbeitet, kennt die Biegewerte des Mastes und des Baumes und kann seine Segel entsprechend den Gegebenheiten mit der richtigen Profiltiefe versehen.
Läuft ein Segel beim Setzen schwergängig in den Nuten des Mastes, dann genügt ein leichtes Bestreichen mit fettlosen Reinigungslösungen; dann gleitet das Segel wieder mit Leichtigkeit am Mast hoch. Sollen Metallteile an Mast und Baum wieder besser rutschen, dann empfiehlt sich ein Polieren der Gleitflächen mit normalem Bootspolish oder mit Metallputzmitteln. Jeder Segler sollte genau darauf achten, daß die schützende Oberflächenvergütung seines Mastes, Baumes oder Spinnakerbaumes nicht beschädigt oder abgescheuert wird. Scheuerstellen, die bereits entstanden sind, kann man mit Klebeband gegen Verwittern schützen.

Das Segel

Wichtigstes Element auf einer Segeljacht gleich welcher Größe ist das Segel. Nicht nur des Aussehens, sondern auch der gewünschten Geschwindigkeit wegen sollte man bei diesem Teil der Jachtausrüstung nie sparen. Nur beste Materialien und korrekte Verarbeitung garantieren lange Lebensdauer und effektivste aerodynamische Eigenschaften aller auf einer Jacht einzusetzenden Segel. Moderne Segel werden aus Kunststoff gefertigt, der weitgehend zerreißfest und verrottungsfrei sind. Früher verwendete man zur Segelherstellung ausschließlich Baumwolle. Da sie sehr schmutzempfindlich war, färbte man sie einfach rotbraun oder blau ein. Alte Bilder zeugen heute noch von schwer in der Takelage hängenden farbigen Segeln, die bei Nebel und Nässe ein ziemliches Eigengewicht entwickelten.
An ein Verstauen der Segel gleich nach Gebrauch war damals überhaupt nicht zu denken. Zu jedem Segelclubhaus gehörte deshalb ein sauber gefegter Trockenboden, wo nach einem feuchten Segeltag die Segel zum Trocknen aufgehängt wurden.
Das ist bei den heutigen Kunststoffsegeln nicht mehr unbedingt nötig. Hat man auf dem Schiff einen Stauraum für Segel, kann man dieses

auch einmal klatschnaß weglegen; verrotten wird es in keinem Fall. Trotzdem wird derjenige an seinen Segeln länger Freude haben, der sie nach jedem Törn ordentlich weglegt (siehe dazu S. 36 ff). Ebenso falsch ist die weitverbreitete Methode, Segel nach dem feuchten Törn ungeliekt im Wind flattern zu lassen. Das zerstört die Segel, oder genauer, das Garn in den Nähten der einzelnen Bahnen. Legt man ein Kunststoffsegel zum Trocknen ins Gras, kann es grüne Flecke geben. Das Chlorophyll im Segel läßt sich nur schwer wieder ausreiben und hinterläßt genau wie andere entfernte Flecken immer dunkelgraue Spuren.
Segel kann man von Zeit zu Zeit waschen; wichtig dabei ist die Verwendung eines vom Segelmacher empfohlenen Waschmittels. Man kann auch eine leichte kalte Waschlauge nehmen und hinterher kräftig mit Süßwasser nachspülen. – Allgemein gilt: Je besser die Behandlung der Segel ist, desto länger hält ein Vor- oder Großsegeltuch.

Takelungsarten

Das Großsegel kann man in der Saison am Baum lassen und dort sauber auftuchen. Zugedeckt mit einem sogenannten Segelkleid ist das die beste Lösung. Vorsegel sollte man schon wegen der Diebstahlgefahr immer abschlagen. Ist man einmal in einem fremden Hafen und möchte die Segel an Baum und Vorstag lassen, dann sollte man sie in einen Segelsack stecken oder – wie im Heimathafen – mit dem Bezug zudekken. Fischfabriken oder Chemie, die im Hafengebiet ihre Schornsteine qualmen lassen, könnten mit ihren Rußflecken unangenehme Überraschungen bescheren.

Qualität und auch Preis der Ausrüstungsgegenstände sind bei Segeln in hohem Maße vom Anwendungsbereich abhängig. Ein Tourensegler, der kräftiges Tuch im normalen Standard kauft, bekommt seine Ware preiswerter als ein Rennsegler, der es nach neuesten Computerwerten einzeln anfertigen läßt. Die Segelmacher haben schon aus Konkurrenzgründen ein natürliches Interesse an gutem Segeltuch; trotzdem sollte man sich ruhig einmal die Unterschiede beim Fachmann erklären lassen.

Auch bei den Kunststoffsegeln benutzt man gewebtes Tuchmaterial. Ein Gewebe aus Kette und Schuß wird je nach Einsatzbereich gewebt und dann mit weißem Füllmaterial ausgerüstet und veredelt. Besonders teure und gute Tuche enthalten hingegen keine Füller; sie werden Faden an Faden in hoher Dichte gewebt. Tuchtestmaschinen sorgen dabei für eine gleichmäßige Qualität der eigens gewebten Segel.

Segel sind nicht etwa flach wie ein Bettlaken, sondern wölben sich je nach Größe und Verwendungszweck. Solche Wölbungen (*Profile*) erreicht man dadurch, daß man ein Segel aus vielen Bahnen schneidet. Dabei spielt der Lauf der Faserrichtung des Tuches eine nicht unwesentliche Rolle. Die mit einer Latte (biegsame *Straklatte*) kurvenartig anprofilierten Bahnen (siehe Zeichnung) werden aus dem Ballentuch herausgeschnitten und mit Spezialmaschinen zusammengenäht. Die Wölbungen oder Profiltiefen der Segel werden vom Segelmacher nur nach Kenntnis aller technischen Fakten wie Einsatzbereich der Jacht, Härte des Mastes und Baumes sowie Segelgröße selbst festgelegt.

Das Verhältnis von Masthärte und Segel-Profiltiefe bestimmt zusammen mit dem richtig eingestellten Vorsegel die Bootsgeschwindigkeit bei jedem Wetter. Die Segelform, die alle modernen Segeljachten heute verwenden, ist dreieckig und gehört in die Kategorie der *Schratsegel*. Schrat kommt aus dem Norddeutschen und schrieb sich früher «schrad» (schräg/winklig). Mit anderen Worten: Bei einem dreieckigen Segel läuft dessen Vorderkante parallel zum Mast.

Die Vorderkante des Segels heißt *Vorliek*, die hintere *Achterliek* und die untere *Unterliek*. An das Vorliek werden entweder ein Liektau zum Halten des gesetzten Segels in der Mastnut oder sogenannte Rutscher

Kleine Bootskunde

Bezeichnungen am
Vor- und Großsegel

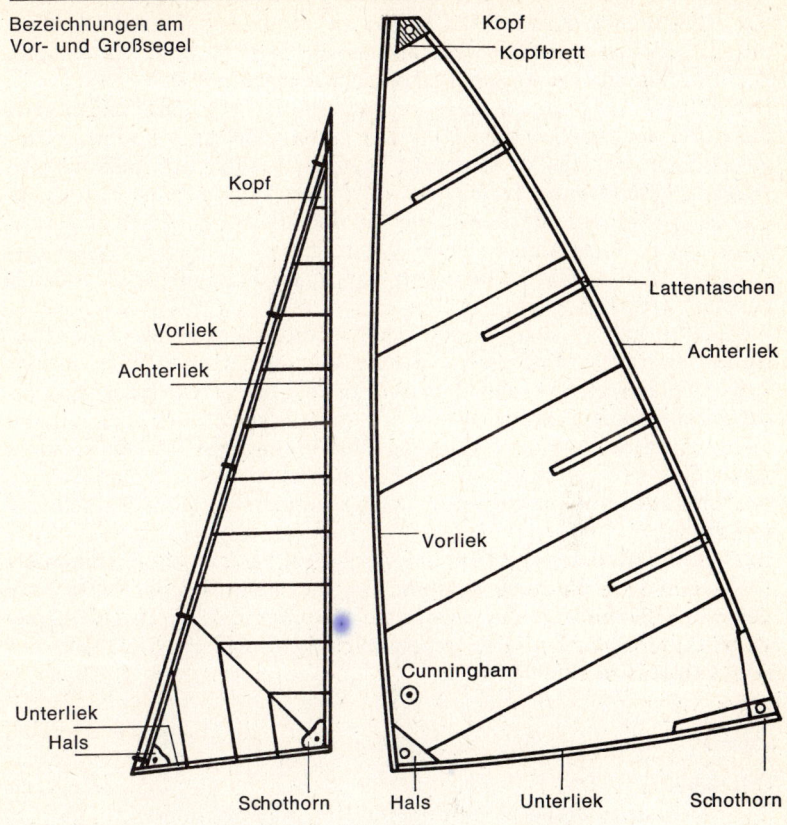

angenäht, die in einer Art Schiene am Mast hochgleiten. Das Segel-Unterliek wird in die im Baum befindliche Nut eingezogen. Das Achterliek des Segels ist in der Regel leicht gekrümmt und reicht vom Masttopp bis zur Baumnock herunter. Es wird lose geführt und enthält lediglich Öffnungen für die Lattentaschen. Vier bis fünf Segellatten sorgen steckend dafür, daß das Segel mit seinen hinteren Partien nicht umkippt oder *killt* (flattert), sondern formgerecht steht. Wird das Vorsegel gesetzt (als Fock oder große Genua), läuft es mit Stagreitern auf dem Vorstag hoch oder steht mit eingenähtem Draht am Vorliek. Mit diesem Vorliek wird auch die richtige Spannung in die Windanschnittkante des Vorsegels gebracht.

Drahtvorlieken kommen meistens nur bei Jollen und Jollenkreuzern zur Anwendung; Kieljachten haben die schon erwähnten Stagreiter oder neuerdings auch feste Vorstagen aus Kunststoff- oder Aluminium-Kleinprofilen mit der klassischen Nut zur Aufnahme des Vorlieks.

Die richtige *Vorliekspannung* erreicht man bei Jollen und Kielbooten nur durch technische Hilfsmittel. Die gebräuchlichsten sind Klapphebelspanner oder das Strecken mit Winsch oder flaschenzugähnlich in Blöcken geschorenen Taljen. Bei normalen Vorsegeln ist es wichtig, daß sie mit ihrem Unterliek so tief wie irgend möglich auf Deck gefahren werden. Stehen sie zu hoch, dann geht viel wertvolle Windkraft zwischen Deck und Segel hindurch, ohne daß sie für den Schiffsvortrieb wirksam werden könnte.

Anders verhält es sich bei den Starkwind-Vorsegeln, die wesentlich kleiner sind als die normalen. Sie sollte man trimmgerecht auf dem Vorstag placieren und, nachdem das Fockfall belegt worden ist, mit der beschriebenen Strecktalje fest und stramm durchsetzen. Eine Jacht, die nicht richtig durchgesetzte Vorsegel fährt, erkennt man an dem beutelig stehenden vorderen Segelpartien. Das sieht nicht nur unordentlich aus, sondern lenkt den Luftstrom ab und vermindert die Marschgeschwindigkeit.

Hat man große Vorsegel und das Großsegel gesetzt, dann ist man als Skipper in der Sicht nach vorn und zur Seite stark behindert. Deshalb näht der Segelmacher in das Großsegel und auch in die Vorsegel biegsame Plastikfenster ein. Die geben dann bedingt freie Sicht und ein notwendiges Maß an Sicherheit.

Zusammenlegen von Segel und Spinnaker

Das Segel
Das Segel wird glatt auf dem sauberen Rasen ausgebreitet.

Zusammenlegen des Segels

Dann beginnt man am Unterliek, den Bahnen folgend, das Segel nach vorn in Falten zusammenzulegen. Das geschieht immer mit der später gewünschten Tuchbreite. Wie auf dem Foto ersichtlich, wird das Tuch in seiner vorgefalteten Breite gegen Verrutschen mit einer Hand festgehalten.

Ist das Segel auf diese Weise gänzlich aufeinandergelegt, kann man es zu einem handlichen Paket zusammenlegen und im Segelsack verstauen.

Spinnaker
Wie ein großes Wäschestück wird der Spinnaker zunächst ganz auseinandergezogen und seine beiden Enden (Ohren) aufeinandergelegt.
Es wird so lange zusammengefaltet, bis die gewünschte Aufwickelbreite erreicht ist (Vorsicht: der Stoff ist sehr rutschig).

Dann wird die ganze Länge in handliche Breiten zusammengekippt und im Segelsack verstaut.

Bedienungselemente

Beim Segeln spielt die richtige Einstellung aller Bedienungselemente für Mast, Baum, Segel und Ruder eine wesentliche Rolle. Beginnen wir am Bug des Schiffes. Dort sind auf einem Stevenbeschlag Ösen oder Schienen mit Bohrlöchern angebracht, an dem das Vorsegel, das Vorstag oder die Blöcke (Rollen) zum Durchstrecken der Vorsegel-Vorlieks hängen. Auch der Festmacher, das Tau zum Festmachen des Schiffes also, ist dort gelegentlich befestigt. Etwas weiter achterlich sind auf beiden Seitendecks die Vorsegel-*Leitschienen* mit verstellbaren Rutschern als Leitösenhalter aufgeschraubt. – Alle diese Einrichtungen werden im Kapitel «Segeltheorie» noch ausführlich mit ihren Funktionen beschrieben.

In unmittelbarer Nähe, ungefähr im ersten Drittel des Schiffes (das ist von Jacht zu Jacht verschieden), steht entweder auf dem Rumpfboden (Kielschwein) oder auf dem Deck der Mast. Aus Trimmgründen sind seine *Wanten* oft verstellbar. Dazu dienen entweder Kurbelmechanismen an einer Gewindestange oder einfache Klappstrecker. Ein Mastkontroller, den man bequem aus der Bootsplicht bedienen kann, macht den Mast bei kleineren Jachten weicher oder härter in seiner Biegewilligkeit. Er schiebt gewissermaßen von vorn gegen den eingespannten Mast und nimmt ihm fast ein Drittel seiner unteren Elastizität.

Unmittelbar an der Stelle, wo der Mast durch das Deck geht oder auf dem Deck steht, setzt der *Baumniederholer* an. Diese Art von Flaschenzug sorgt dafür, daß der Baum immer rechtwinklig zum Mast steht. Selbst die einfachste Riggeinrichtung sollte einen solchen Niederholer haben.

Im Mast selber laufen die schon erwähnten *Fallen* zum Setzen der Vor- und Großsegel. Sie treten meist oben am Mast wieder über eine Rolle heraus und laufen außen herunter. Unten werden sie auf einer Klampe belegt, hinten in das Cockpit geleitet oder über Fallwinschen gezogen und mit ihnen durchgesetzt. In gleicher Weise ist die *Dirk* eingezogen, die bei abgeschlagenem Großsegel den Baum waagerecht hält. – Je nach Art und Verwendungszweck der Jacht kann man weitere Einrichtungen anbauen, die hier nicht alle aufgezählt werden können.

Am Baum oder im Baum befinden sich die Unterliek-*Strecker* für das Großsegel. Diese werden entweder über Umlenkblöcke nach achtern geleitet oder gleich unmittelbar an der Baumnock in einer Klemme befestigt. Am Lümmellager, das unmittelbar an der Stelle, wo Mast und Baum zusammenkommen, als Halteeinrichtung angebaut ist, befindet sich je nach Ausrüstung eine *Dreh-* oder *Steckreffeinrichtung*. Ein Drehreffbeschlag wird mit einer Kurbel betätigt und verkleinert durch Drehen des Baumes das Großsegel. Im Segeltuch sind gewöhnlich zwei

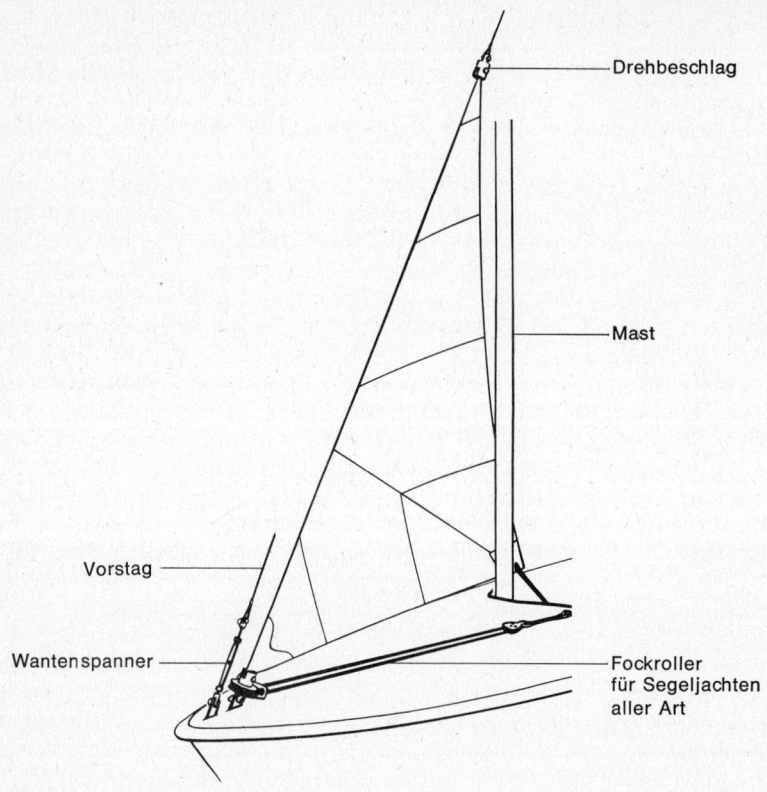

Drehbeschlag
Mast
Vorstag
Wantenspanner
Fockroller für Segeljachten aller Art

Reihen Ösen eingeschlagen. Diese Ösen sind Bestandteil des *Bindereffs*, einer weiteren Variante der Reffeinrichtungen. Wie schon der Name sagt, bindet man mit den in den Ösen hängenden Bändseln das Segel um den Baum. – Auch beim Bindereff gibt es eine ganze Reihe funktioneller Lösungen; wir beschränken uns auf die einfache Version.
Am Segelhals, ziemlich nahe dem Lümmellager und auf der Doppelung des Großsegels, befinden sich ebenfalls ein bis zwei Ösen als Durchlässe für die Vorliekstrecker (*Cunningham*). Genau dort, wo die Saling am Mast befestigt ist und die Wanten auseinanderspreizt, wird bei Jollen und einigen Kieljachten der Trapezdraht eingehängt.
Das *Trapez* ist eine Einrichtung, in die sich der Vorschoter (oder mehrere an mehreren Drähten) hineinhängt, um das Boot optimal gegen den Wind zu belasten (ausreiten). Damit wird ein aufrechtes, gerades Segeln möglich. Dazu tragen die Segler an der Vorschot eine

Kleine Bootskunde

Trapez und Großschotführung am «Korsar»

Spezialhose mit einem Ring zum Einhängen an der Vorderseite. Wie das Foto zeigt, wird der ganze Körper bei dieser Trimmart eingesetzt. – Ein guter Segler kann sein Gewicht so dosieren, daß immer die richtige Streckung seines Körpers außenbords erreicht wird.
Erste entscheidende Hilfe für das Ausreiten eines Bootes mit Trapez ist der *Trapezgriff*, den man zuerst ergreift. An ihm hängt man mit einer Hand und fast dem ganzen Körpergewicht. Deshalb soll man nicht einfach einen Holzknebel, sondern einen fingergerecht geformten Trapezgriff verwenden.
Ebenfalls vom Mast schräg nach unten gehen die *Backstagen*. Diese Niro-Drähte dienen ebenfalls zur Stützung des Mastes; sie werden jedoch nur auf wenigen Jachttypen eingesetzt. Jeweils die durch Segeldruck belastete Seite der Wanten erhält durch die Unterstützung des durch Kurbel oder Strecker dichtgeholten Luv-Backstags eine zusätzliche Sicherung für den Mast. Das leewärtige Backstag muß immer gelockert gefahren werden, damit Baum und Segel genug Bewegungsfreiheit haben. Das *Achterstag* wird in den meisten Fällen starr gefahren; besonders aufmerksame Renn- und Tourensegler bringen jedoch auch dort eine Verstellmöglichkeit an. Entweder wird beim gespreizten Achterstag eine die Parten zusammenziehende Streckeinrichtung ein-

Schotführung auf der «DYAS»

gebaut oder beim einteiligen Achterstag ein Spannrad zwischengeschaltet.
In jedem Fall haben Halte- und Spanneinrichtungen für den Mast eine lebenserhaltende Funktion. Ihre sorgfältige regelmäßige Überprüfung muß für jeden Skipper Pflicht sein. Ein Ausfall des in einer Regatta an guter Stelle liegenden Bootes durch Mastbruch, hervorgerufen durch falsche Bedienung der Elemente oder Wanten, durch Stagbruch oder durch Abscheren eines gebrochenen Bolzen, ist eine unverzeihliche Sache.
Unter dem Baum, fast genau in der Schiffsmitte, ist bei Jollen der Schwertkasten mit dem aufholbaren *Schwert* aufgebaut. Da das Schwert einstellbar in der Arbeitshöhe ist und mühelos auf- oder abgelassen werden muß, wird eine Art Talje als Schwertfall geschoren. Dieses *Fall* wird in einer Schotklemme belegt, wenn man die richtige Schwerteinstellung gefunden hat. Eine solche Einrichtung findet man natürlich nur auf Jollen, Jollenkreuzern oder Kielschwertjachten.
An der vom Konstrukteur vorgesehenen Stelle, die von Jacht zu Jacht divergiert, läuft quer und in den verschiedensten Längen von Seitendeck zu Seitendeck eine Travellerschiene mit einem rollengelagerten *Schlitten*. An diesem Schlitten hängt nach oben gerichtet ein mehr-

scheibiger Block für die Großschotführung. Die Großschot, die je nach Segelgröße über eine bestimmte Anzahl von Blöcken und Scheiben (Rollen) läuft, kann starr auf einem am Boden befestigten Fußblock gefahren werden; sie kann aber auch über diese Traveller-Einrichtungen an den Seiten, aus der Mitte oder an anderen Stellen der Schiene fixiert und gefahren werden. Großschoten werden mit ihrem Ende entweder im Fußblock festgeklemmt oder in Schotklemmen auf dem Seitendeck festgelegt. – Im Kapitel «Segeltheorie» wird die Bedeutung dieser Einrichtung genauer beschrieben.

Die *Travellerschiene* kann entweder gerade und waagerecht durchgehend, nach unten oder nach oben durchgebogen angebaut werden. In der Nähe der Travellereinrichtung ist bei den Jollenklassen in der Bootsmitte eine eingängige Winsch zum leichteren Dichtholen der Vorsegel angebracht. Bei offenen und gedeckten Kieljachten befinden sich die ein-, zwei- und auch dreigängigen Vorschotwinschen auf den Seitendecks oder auf dem Schanzkleid.

Je nach Einsatzbereich kann eine größere *Zentralwinsch*, etwa auf dem Brückendeck der Plicht, mitschiffs angebracht werden. Diese Winschen sind kugel- oder rollengelagert und aus hochwertigem Metall gefertigt. Ihre eingebauten Schnecken- und Zahnräder ermöglichen zur effektiven Vorsegelbedienung mehrere Abstufungen: Der Schnellgang dient zum raschen Dichtholen der ersten Lose – meistens dadurch, daß man die Kurbel rechtsherum dreht; ein kraftvolles Durchsetzen der Vorsegel geschieht durch langsames Laufen der schnell links gedrehten Trommel; bei großen Segeln unterstützt der dritte Gang als Kraftprotz den letzten Segeltrimm. – Winschen sind unentbehrliche Helfer für jeden Segler. Für sie gilt das gleiche wie für viele andere Gebrauchsgegenstände an Bord: Wer billig kauft, kauft häufig schlecht.

Die *Kurbeln* der Winschen stecken in Sicherungsarretierungen gegen Herausfallen und Verlust. Ist eine solche Klemmung nicht eingebaut, dann sollte man die Kurbel mit einem dünnen Seil sichern. Es ist nämlich nicht immer ganz einfach, Ersatzkurbeln zu bekommen. – Kurbeln mit ihrem Haltemechanismus und die Winschen selber sollte man von Zeit zu Zeit mit Spezialfett pflegen und schmieren.

Weit hinten in Hecknähe, häufig unmittelbar auf dem Schanzkleid, sind Blöcke oder Umlenkrollen für die Spinnakerschot (Bedienungsschot) aufgeschraubt. Bei größeren Jachten kommen zusätzliche Winschen zur mühelosen Bedienung dazu. Haben Jollen ein auf- und abfahrbares schwenkbares Ruderblatt, dann befindet sich auf der Ruderpinne ein *Ruderfall*. Dieses Ruderfall läuft über eine im Ruderkopf eingelassene Rolle und endet auf dem Pinnenholz in einer Klemme. Bei besonders schnellen Schiffen schwimmen die Ruderblätter durch den Fahrtdruck im Wasser auf. Deshalb installiert man ein – umgekehrt wie das Ruderfall wirkendes – Niederhalterfall. Dieses endet, nachdem es an der Unterseite des Pinnenholzes über eine Rolle umgelenkt wurde, ebenfalls in einer Klemmvorrichtung.

Oben auf der Ruderpinne wird in den meisten Fällen ein längenverstellbarer Pinnenausleger eingebolzt. Diese *Ausleger* lassen sich auf viele verschiedene Längen stufenlos verstellen; sie sind um 360 Grad drehbar und nach allen Seiten schwenkbar. Nur sollte man unbedingt darauf achten, daß die Drehbeschläge an solchen Auslegern kein Herunterkippen unter die Waagerechte zulassen. Sonst kann es passieren, daß die frei arbeitende Auslegevorrichtung bei manöverbedingten Arbeiten im Schiff irgendwo verklemmt und festkommt. Das kann böse Folgen haben, weil das Boot für Augenblicke nicht mehr lenkbar ist.

Ansonsten ist diese Pinnenverlängerung für viele Jachttypen nützlich, wenn ihre Steuerleute weit aus dem Boot heraushängen, um das Boot zu trimmen. Damit die Füße im Schiffsrumpf einen festen Hänge-Halt finden, werden bei Jollen verstellbare *Hängegurte* auf den Plichtboden geschraubt.

Bedienungselemente

Rollen und Blöcke zur Schotführung

Befestigungsarten für Blöcke

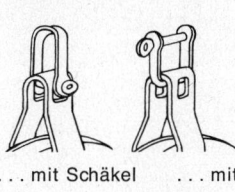

... mit Schäkel

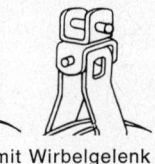

... mit Wirbelgelenk

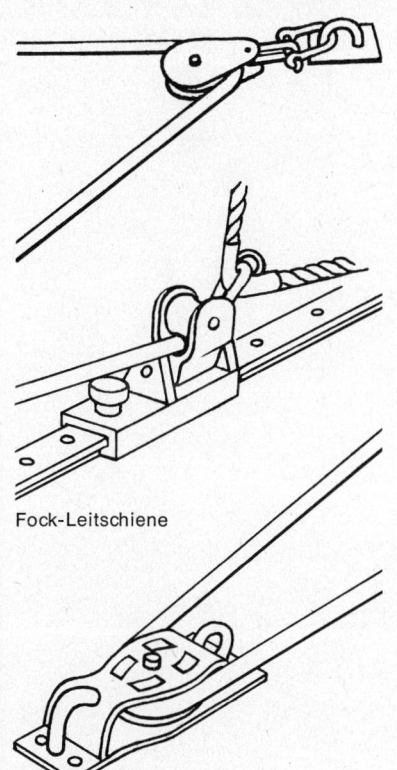

Fock-Leitschiene

Spinnaker-rolle

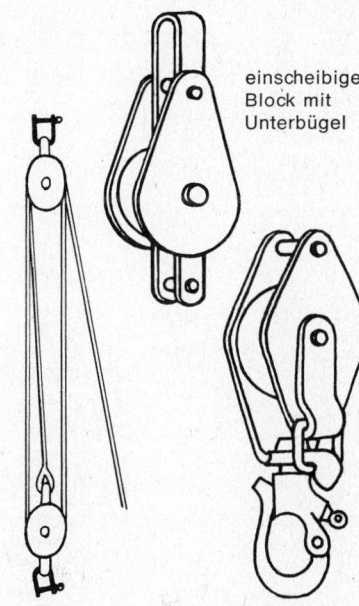

einscheibiger Block mit Unterbügel

Niederholer

Block mit Schnappschäkel

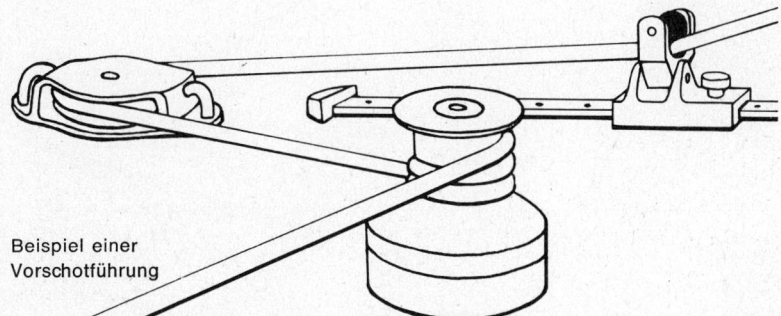

Beispiel einer Vorschotführung

Bedienungselemente

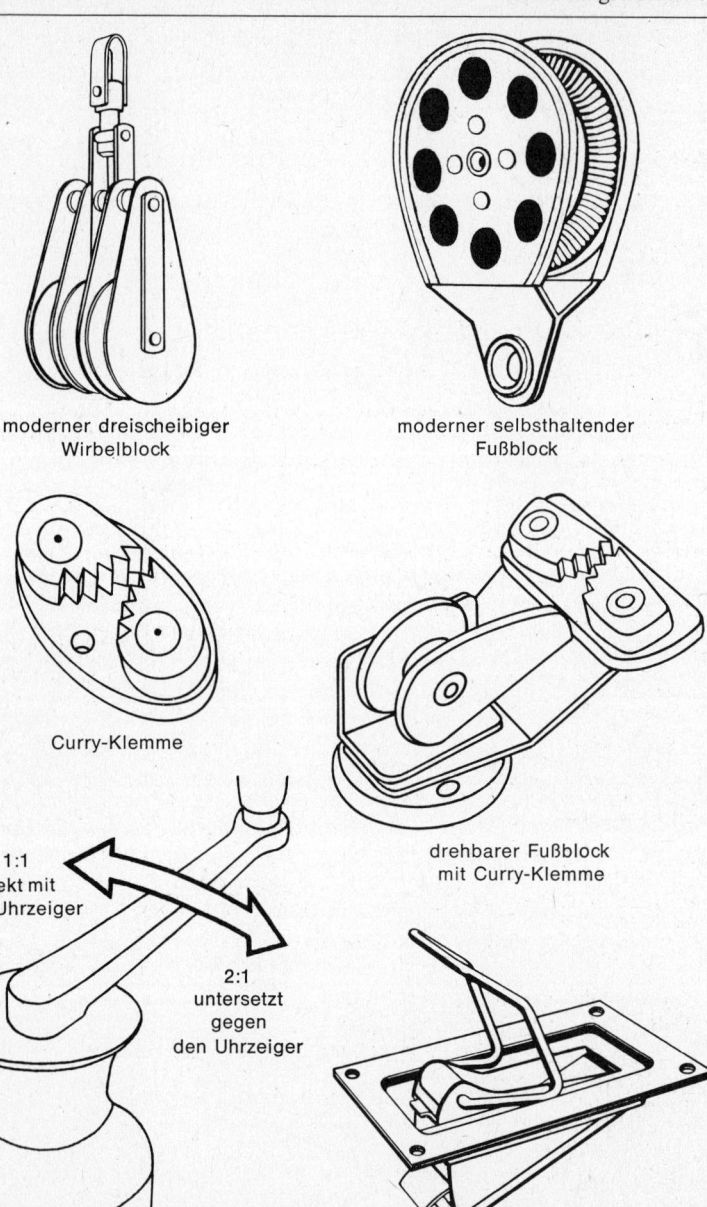

moderner dreischeibiger Wirbelblock

moderner selbsthaltender Fußblock

Curry-Klemme

drehbarer Fußblock mit Curry-Klemme

1:1 direkt mit dem Uhrzeiger

2:1 untersetzt gegen den Uhrzeiger

Schotwinde

Elvström-Bodenlenzer

Bedienungselemente

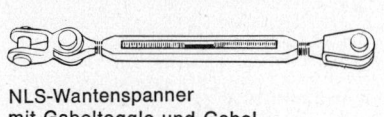

NLS-Wantenspanner
mit Gabeltoggle und Gabel

NLS-Wantenspanner
mit Gabeltoggle und Terminal

Draht mit angepreßter Kausch

Tauwerk mit Spleißung (Augspleiß)

Tauwerk mit eingespleißter Kausch

Drahtfall mit angespleißtem
Tauwerk-Vorlauf

geschlagenes Tauwerk

geflochtenes Tauwerk

geschweifter Schäkel

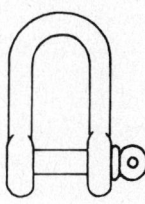

gerader Schäkel

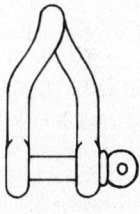

verdrehter Schäkel

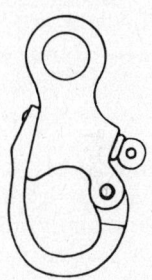

Schnappschäkel (starr)

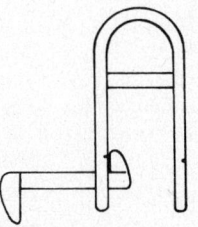

Schlüsselschäkel

Bootskaufberatung

Für einen Laien ist es schwer, sich auf einer Bootsausstellung unter der Vielzahl von Jachttypen zurechtzufinden. Es ist für ihn sinnlos, eine Ausstellung zu besuchen, ohne eine Vorplanung gemacht zu haben. Dazu gehört, daß man sich über das Fahrtgebiet klar wird: Kommt eine Jolle, ein Jollenkreuzer oder ein Kielboot in Frage? Die Größe des Bootes muß mit den finanziellen Möglichkeiten abgestimmt werden: Soll eine Finanzierung erfolgen? – Nach dieser groben Abgrenzung bleibt immer noch eine große Anzahl von Booten übrig. Jetzt geht man ins Detail. Die Anzahl der Schlafplätze ist ebenso wichtig wie die Frage nach dem Werkstoff des Rumpfes.

Alle Punkte werden in einem Fragenkatalog festgehalten. Mit dieser Liste gehen Sie die Boote Ihrer engeren Wahl durch und haken die Punkte ab. Eine Unterteilung in Allgemeines, Technik und Vertragsabschluß ist zweckmäßig.

Einen Überblick gibt die folgende Aufzählung, die nach eigenen Vorstellungen ergänzt werden muß.

Zum *allgemeinen Teil* gehören: Abmessungen, Länge, Breite, Tiefgang, Verdrängung, Ballastanteil, Werkstoff, Bauart, Beschlägewerkstoff, Preis, Transportkosten, Liefertermin, GL-Vorschriften, Stehhöhe, Sitzhöhe, Linien, Sicherheitsvorschriften.

Die *Technik* unterteilt man am besten in Einzelgebiete wie Rumpf, Rigg, Deck, Maschine, Einrichtung und Ausrüstung. Dabei sollten folgende Kriterien beachtet werden:

Rumpf: Finish, Unebenheiten, Spinnrisse, Anstrich, Schweißung, Versteifung, Kielbefestigung, Ruderanlage.

Rigg: Mast, Baum, Wanten, Stagen, Fallwinschen, Segel, Schienen für Vorsegel, Fallen mit Drahtvorläufern, Reffeinrichtung, Niederholer vorhanden, Terminals.

Deck: Rutschfestigkeit, Reling vorhanden, Vorluk, Beschlagsanordnung, Ankerausrüstung und -halterung, Lenzer im Cockpit, Sicht nach vorn, Durchgang zum Vordeck.

Maschine: Diesel, Benzin, Leistung, Belüftung, Service, Zugänglichkeit der Maschine, Tankanordnung, Tankbefüllung, Batteriehalterung, Schallisolierung.

Einrichtung: Schlafplätze, Sitzhöhe, Stehhöhe, Kojenlänge und -breite, Stauraum für Segel, Ölzeug, Proviant, Geschirr, Wäsche, Anordnung der Pantry, Kocherart (Gas oder Spiritus), Wassertanks, Dicke der Kojenpolster, Anschluß der Schotte an die Außenhaut.

Ausrüstung: Schwimmwesten, Rettungsinsel, Tauwerk, Anker, Positionslampen, Notpinne, Werkzeug, Lenzpumpen.

Für den *Vertragsabschluß* sollte man sich Zeit lassen. Grundsätzlich

muß jede Absprache schriftlich fixiert werden. Im Kaufvertrag müssen enthalten sein: Kaufpreis, Zahlungsbedingungen, Liefertermin, Lieferort, Lieferumfang, Umfang der Garantie und Garantiezeit.
Im allgemeinen wird eine Anzahlung verlangt; der Rest des Kaufpreises ist meistens bei Lieferung fällig. Ihr Geld können Sie auf mehrere Arten absichern: Zahlung durch Akkreditiv, Zahlung gegen Bankgarantie oder Zahlung auf ein Sperrkonto.

Indienststellen des Bootes

Auch beim Sportsegeln bezeichnet man das erste Benutzen des Schiffes nach der Winterpause oder dem Ankauf mit ‹Indienststellen›. Es ist immer ratsam, vor Beginn der Arbeiten am Schiff und damit auch vor der ersten Fahrt für ausreichenden Versicherungsschutz zu sorgen. Eine Haftpflichtversicherung sollte obligatorisch sein. Wer sich gegen Diebstahl, Brand und Schäden schützen will, fährt sicherer mit einer Teil- oder Vollkaskoversicherung. Die Versicherer haben gerade für den Bereich ‹Segelsport› Sonderbedingungen erarbeitet, die viele Schadensmöglichkeiten ganz oder teilweise abdecken. Es bestehen ferner preiswerte Gruppenversicherungen für die verschiedensten Bootsklassen, über die meistens schon die Bootsverkäufer Auskunft geben können. Es empfiehlt sich aber, die Bedingungen und gerade das ‹Kleingedruckte› sorgfältig zu lesen.
Ist das Boot abgeladen, prüft man bei Neukauf zunächst den vorher vertraglich fixierten Lieferumfang und den Zustand des gelieferten Bootes. Späteres Reklamieren ist immer umständlich, obgleich die meisten Hersteller eine Garantiezeit von einer Saison und mehr geben.
Ob Neu- oder Gebrauchtboot, ob nach Traileranreise oder Indienststellen nach einem Winterlager: zuerst werden alle zu belastenden Teile auf festen Sitz und Funktionstüchtigkeit geprüft. Das sind zum Beispiel die Ruderanlage und deren Aufhängung, die Püttingeisen, Halteösen, Wantenspanner, Mast- und Baumbeschläge, Kiel- und Schwertbolzen. Dann stellt man den vorher gereinigten Mast in die Fußhalterung oder auf die Mastspur. Ein Helfer hält den Mast senkrecht, ein anderer befestigt die Wanten und das Vorstag an Püttings und Bugbeschlag. Die richtige, meistens werftseitig empfohlene Spannung wird durch das Anziehen der Spannschrauben (Wantenspanner) erreicht. Dann wird der Baum eingehängt und die Schoten und Fallen eingeschoren. Steht das Rigg absolut senkrecht über der Mittschiffsebene (von vorn gesehen), stellt man das entsprechende Mastfall (Neigung nach achtern) ein. Jetzt sichert man die Wantenspanner mit den Konterschrauben. Danach werden die Segel zur Probe gesetzt und mit leichtem Wind von

vorn dichtgeholt und begutachtet. Lassen sie sich nicht ohne Falten durchsetzen, sollte man sie beim Lieferanten oder Hersteller reklamieren oder ändern lassen.

Es ist darauf zu achten, daß alle Fenster eingearbeitet worden sind, die zum Segelstand gehören. Bei gebrauchten Segeln werden die blind und kratzig gewordenen Fenster beizeiten ausgewechselt. Aufgeplatzte Nähte am Segeltuch oder Risse müssen sofort vom Segelmacher repariert werden, da kleinste Beschädigungen bei Belastung im Wind schnell zu großen Tuchschäden führen. Steht alles am Rigg zur vollen Zufriedenheit, dann startet man zum ersten Probeschlag auf dem Wasser. Dort prüft man bei zunächst mäßiger Fahrt alle Bedienungselemente auf ihre Funktion.

Den Bootsboden kontrolliert man auf Dichtigkeit; Leckstellen am Rumpf, an den Lenzventilen oder an den Befestigungspunkten der Beschläge reklamiert man sofort und schriftlich mit Hilfe einer Mängelliste (Mängelrüge), die dem Bootsverkäufer per Einschreiben zu übermitteln ist. Beim älteren Schiff repariert man solche Schäden mit elastischem Kunststoff-Dichtmittel.

Extreme Krängungen und Belastungen werden erst in der zweiten Phase des Erprobens akut. Nur wer mit Umsicht neu- oder wiederbeginnt, ist vor Pannen sicher, die in seinem Machtbereich liegen.

Theorie und Praxis des Segelns

Segeltheorie

Die Seite, wo der Wind hinweht – oder besser noch: wo er auf das Segel trifft –, heißt *Lee*. Die gegenüberliegende Seite, also die Richtung, aus der der Wind kommt, heißt *Luv*. *Backbord* ist links und *Steuerbord* rechts; böse Zungen behaupten, daß selbst erfahrene Segler dabei ins Grübeln kommen. Es liegt wohl daran, daß wir im Alltag stets von links und rechts sprechen. Steht die Besegelung auf Backbord, dann segeln wir über Backbord-Bug. Umgekehrt stehende Segel lassen unsere Jacht auf Steuerbord-Bug laufen. Der Begriff *Bug* ergibt sich einfach daraus, daß die Seite, auf der die Segel in Lee stehen, ‹Bug› genannt wird (siehe auch «Wegerecht», S. 121 ff).

Die Spitze der Segeljachten nennt man ebenfalls Bug; dieser und weitere Begriffe haben sich aus der Segelschiffszeit bis in die heutigen Tage erhalten. Die hintere Seite einer Jacht nennt man *Heck*. Steht man im Schiff genau in Richtung Längsachse, dann schaut man ‹voraus›. Schaut man nach hinten über das Heck, dann heißt es ‹achteraus›. Die rechtwinklige Blickrichtung zur Längsachse – also zur Backbord- oder Steuerbordseite – zeigt auf ‹querab›; querab nennt man auch ‹dwars›.

Kommt der Wind genau von vorn, dann segeln wir mit der Segelstellung *am Wind*. Weht er in etwas flacherem Winkel, dann fahren wir mit *halbem Wind* und sind auf Halbwind-Kurs. Bläst der Wind genau von achtern, dann steuern wir einen *Vorwind*-Kurs. Kommt er wiederum etwas achterlicher als dwars, dann läuft das Schiff mit *raumem Wind* (Raumschots-Kurs). Da man die Winkel nicht genau nachmessen kann, müssen diese Kursbestimmungs-Angaben erlernt werden.

Anluven und abfallen

Schema einer Fachansprache (vom Boot aus gesehen)

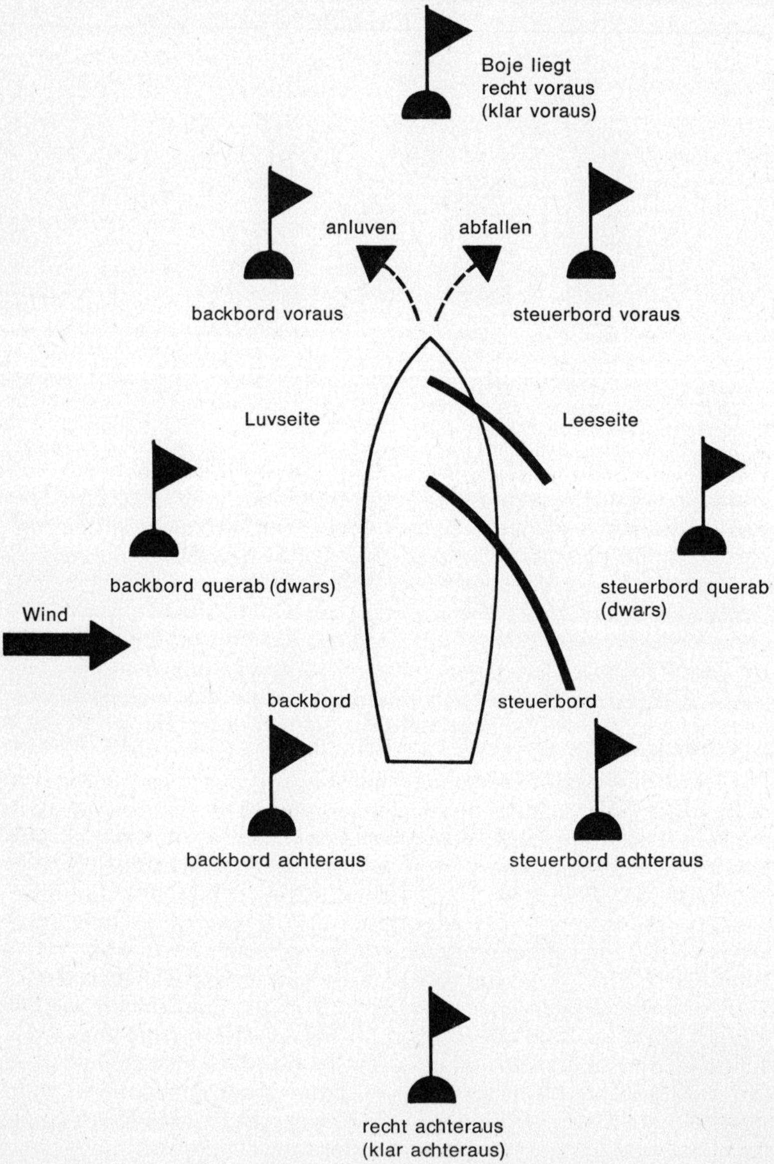

Boje liegt recht voraus (klar voraus)

anluven — abfallen

backbord voraus — steuerbord voraus

Luvseite — Leeseite

Wind →

backbord querab (dwars) — steuerbord querab (dwars)

backbord — steuerbord

backbord achteraus — steuerbord achteraus

recht achteraus (klar achteraus)

Segeltheorie

Segelstellungen «Rund um die Windrose»

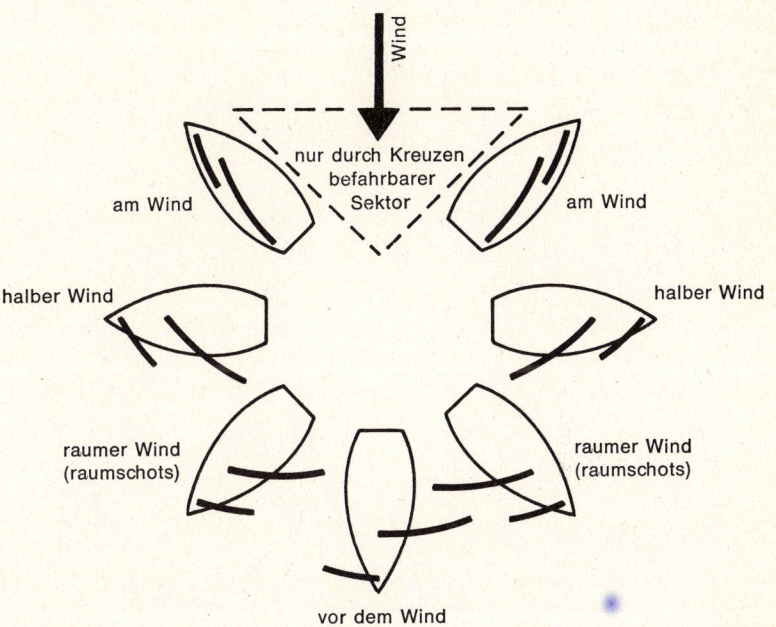

Das Hindrehen des Schiffes zum Wind – also auf einen niedrigeren Winkel gegen den Wind – nennt man *Anluven*; man kann es auch als ‹höher an den Wind gehen› bezeichnen. ‹Höhe laufen› bedeutet, daß man unter Ausnutzung aller Möglichkeiten mit immer noch vollstehenden Segeln ‹am Wind› segelt. Hat man glattes Wasser und leichte bis mittlere Winde, kann man alle Segel in den größten Abmessungen fahren. Damit die Windkraft voll zur Geltung kommen kann, muß das Segel am Wind im richtigen Winkel zum Luftstrom eingestellt werden. Dieser Winkel kann etwa 22 Grad zum scheinbaren Wind als minimale Größe betragen. An den Zeichnungen «Windkraft» können wir erkennen, daß sich bei einer bestimmten Segelstellung ein Winkel zwischen Schiffslängsachse und Luvseite bildet. Dieser Winkel (A) darf nicht zu klein und nicht zu groß werden. Er muß, um es etwas vereinfacht zu sagen, weit nach vorn gerichtet sein.

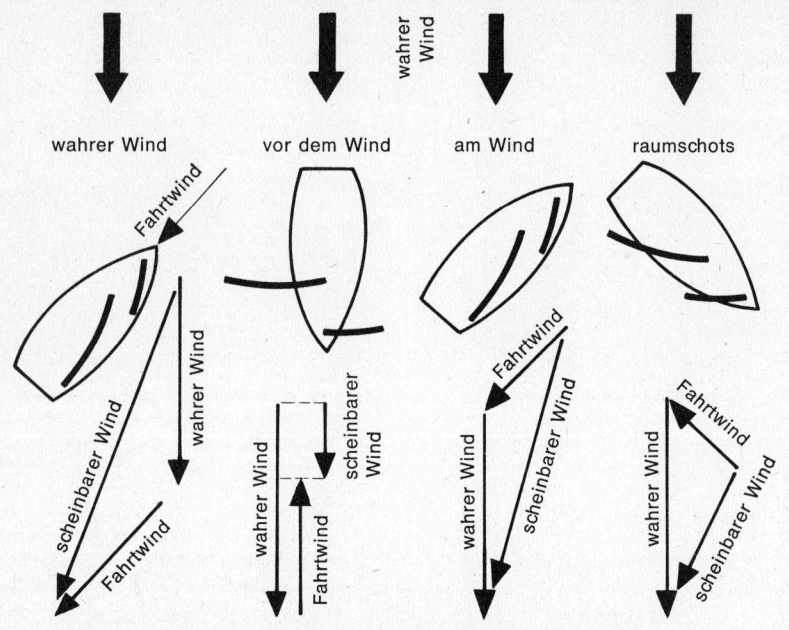

Mit dem Kurs ändert sich immer der scheinbare Wind.
Segeljachten fahren immer mit dem scheinbaren Wind.

Auf der Luvseite der Segel entsteht Druck und demgemäß auf der Leeseite ein Sog, hervorgerufen durch die nach außen stehende Wölbung des voll Wind stehenden Segels. Man spricht in diesem Zusammenhang auch von ‹Auftrieb›. Die umgekehrte Aktion, nämlich eine bestimmte oder auch unbestimmte Zahl von Graden vom Wind abzugehen, nennt man *Abfallen*.

Wollen wir das Schiff in eine andere Richtung bringen, dann können wir das mit einer Wende oder einer Halse tun. Die *Wende* ist eine Kursänderung, bei der wir mit dem Bug durch den Wind gehen. Die *Halse* bedingt ein mit dem Heck durch den Wind gehen.

Das Wenden bei viel Wind und hoher oder kabbeliger Welle erfordert einige Übung. Deshalb niemals vor einer Welle wenden, sondern immer auf dem Wellenkamm und dann mit Fahrt den Wellenrücken herunter! Sonst kann man in der anbrandenden Welle querschlagen und kommt nur mit großer Mühe durch den Wind; denn beim Querschlagen hat man so gut wie keine Ruderwirkung mehr im Schiff.

Segeltheorie

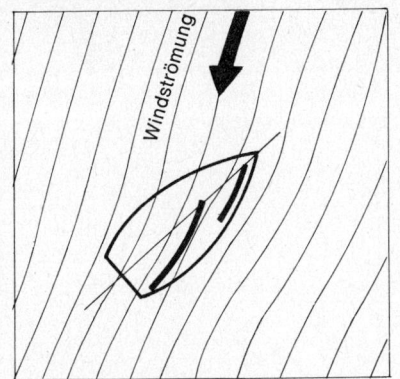

Vortrieb durch Ablenkung auf Am-Wind-Kurs bis Raumschots-Kurs

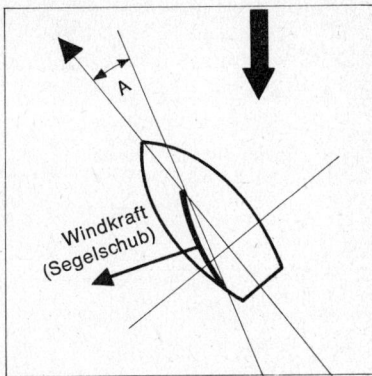

Winkel «A» zwischen Längsachse und Segel = Vortrieb der Jacht

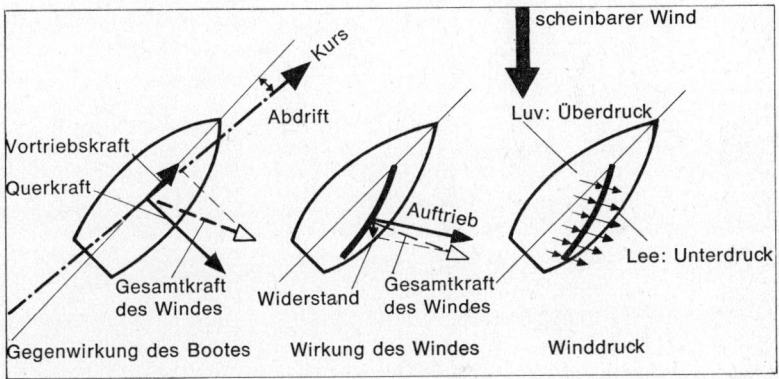

Umgelenkter Wind, Überdruck auf der Luvseite, Sog durch Unterdruck in Lee: so wirkt die Windkraft am Segel.

Steht man ohne Ruderwirkung auf der Stelle, kann man sich zunächst durch schnelles Arbeiten mit dem Ruder helfen; man muß dann die Fock *backholen* (bei Einhandbooten auch das Groß), um kurzfristig Fahrt ins Schiff zu holen. Auch Segelschub nach achtern gehört dazu. Man kann nämlich ein Manöver unter Segeln wesentlich beschleunigen, wenn man die Vorsegel eine Weile gegen den Wind stehen läßt und damit das Wendemanöver bei noch nicht wieder vollstehendem Großsegel beschleunigt (Backholen).

Ein wichtiges Hilfsmittel für das richtige Abreiten der Wellen und der

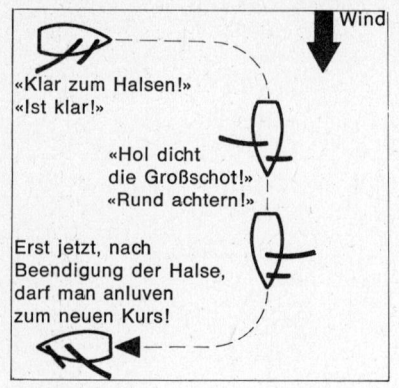

Halsen:
mit dem Heck durch den Wind gehen

Wenden:
mit dem Bug durch den Wind gehen

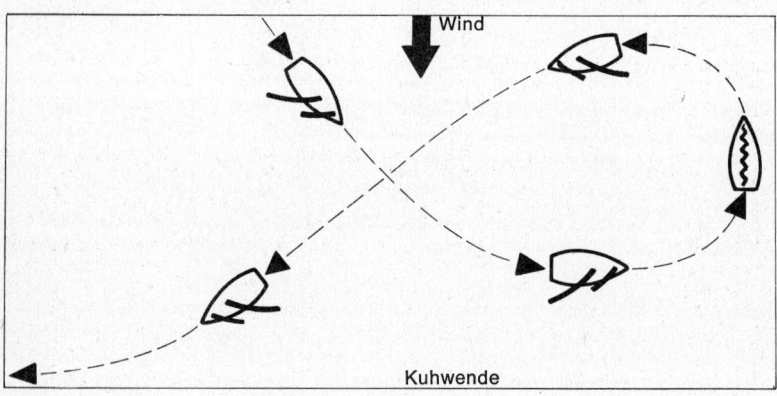

damit ursächlich verbundenen günstigsten Segelstellung ist das Benutzen des *Travellers* (siehe auch «Bedienungselemente», S. 39ff). Über diese quer zur Plicht angebrachten Profilschiene (Leitschiene) läuft leichtgängig der Traveller-Schlitten mit der gesamten Großschot in Blöcken. Nun kann der Traveller-Schlitten auf der Schiene nicht einfach mit dem Baum von einer Seite des Bootes auf die andere gleiten; vielmehr läßt man ihm nur einen genau vorbestimmten Raum. Seitlich durch den Schlitten laufende Traveller-Schoten, die am Plichtrand einer jeden Seite in einer Patentklemme belegt werden, sorgen dafür. Je stärker Wind und Wellen vorherrschen, je weiter fährt man also diesen

Traveller

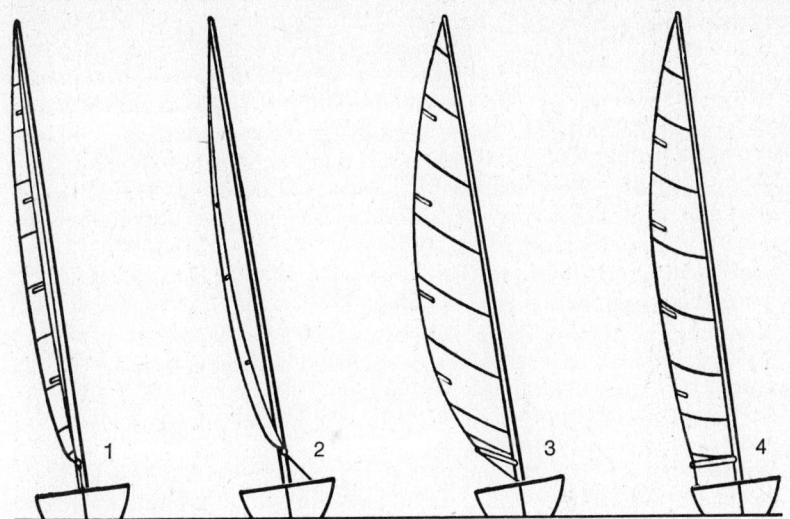

Traveller und Segel

1. Leichter Wind, Boot ohne Traveller — schlecht
Um den Baum in Kiellinie zu halten, muß die Großschot ziemlich hart dichtgeholt werden. Resultat: ein straffes Achterliek und ein schlecht stehendes Großsegel.

2. Leichter Wind, Boot mit Traveller — gut
Die Einstellung des Travellerwagens nach «Luv» und gefierte Großschot ergeben automatisch, daß der Baum in Kiellinie bleibt und das Achterliek eine saubere Abströmkante bildet.

3. Schwerer Wind, Boot ohne Traveller — schlecht
Wenn die Großschot gefiert ist, geht das Ende des Baumes hoch. Das gesamte Vortriebsmoment eines Segels ist genommen; das Boot stampft, macht aber keine Fahrt.

4. Schwerer Wind, Boot mit Traveller — gut
Der Traveller ist nach Lee abgefiert, das Großsegel behält seine optimale Form, Vortrieb ist gewährleistet.

(Traveller-Einrichtung siehe Abb. «Stehendes und laufendes Gut»)

Traveller nach außen. Dadurch bleibt der senkrechte Zug der Großschot erhalten, und der Baum fängt nicht an zu steigen. Allein die verminderte Krängung ist schon die Anbringung dieses wichtigen Zubehörs wert. Die Zeichnungen «Traveller» zeigen, wie günstig sich der richtige Gebrauch auf das Großsegel auswirkt.

Oben auf dem Mast sitzt der Windrichtungsanzeiger. An ihm können wir ablesen, mit welchem Wind wir zu segeln annehmen. Deshalb zeigt uns ein *Verklicker* – so nennt man diese Windfahnen – den *scheinbaren Wind* an. Das hat einfache Ursachen: Fahren wir nicht, sondern liegen am Steg, dann wirkt allein der Winddruck auf die Windfahne. Macht unsere Jacht Fahrt durch das Wasser, dann kommt der eigene Fahrtwind hinzu. Der Verklicker kann uns also nur den Wert anzeigen, der aus dem Winddruck und dem Fahrtwind resultiert, also den schon erwähnten scheinbaren Wind.

Wollen wir einen Punkt in Landhöhe oder auf dem Wasser erreichen, der genau gegen den Wind liegt, dann kreuzen wir mit immer wiederkehrender ‹Am-Wind-Segelstellung› im Zickzackkurs. Die einzelnen Strecken heißen Kreuzschläge (von Wende zu Wende). Auch hier unterscheiden wir zwischen *Holebug* – der Schlag, der uns entscheidende Höhe zum angestrebten Ziel gibt – und *Streckbug* – der Schlag, der uns dem Ziel näher bringt.

Wir merken schnell, daß man auf der Kreuz nur eine ganz bestimmte Höhe zum Wind laufen kann. Auf diesem Kreuzkurs haben wir die volle Größe des Lateralplanes im Einsatz. Gegen den Vortrieb stemmt sich die Querkraft (*Lateralkraft*); sie wirkt senkrecht zur Längsachse unserer Jacht auf die Vortriebsgeschwindigkeiten und begünstigt die seitliche Abdrift. Im Bereich eines Segelreviers mit kurzen, kabbeligen Wellen bolzt sich eine Segeljacht auf der Kreuz mit zu dichtgeholten Segeln fest. Man merkt es dem Verhalten des Schiffes sofort an, wenn die Segelstellung nicht stimmt. Das Schiff wird zusehends langsamer oder stampft in der Welle. Dagegen hilft nur ein leichtes *Fieren* der Segel für eine etwas größere Wölbung. Dadurch fällt das Segel beim Durchqueren der Wellen nicht mehr ein, sondern zieht uns förmlich über sie hinweg.

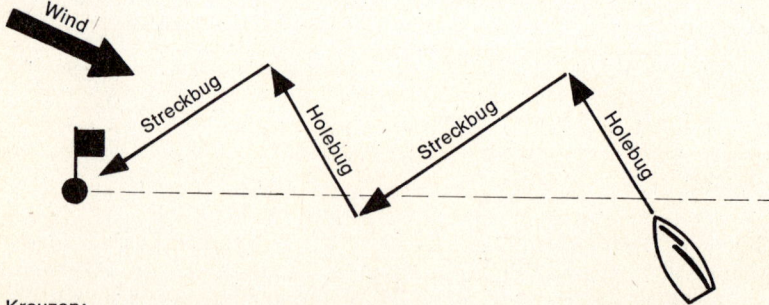

Kreuzen:
sich mit dem Streckbug dem Ziel nähern; der Holebug verschafft uns dazu die nötige Höhe

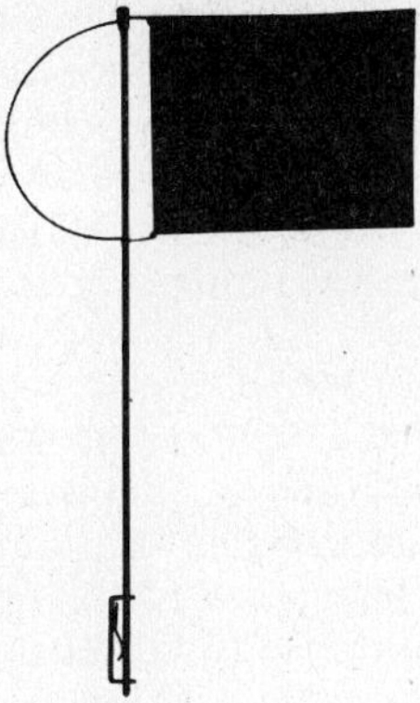

Windrichtungsanzeiger

Verklicker

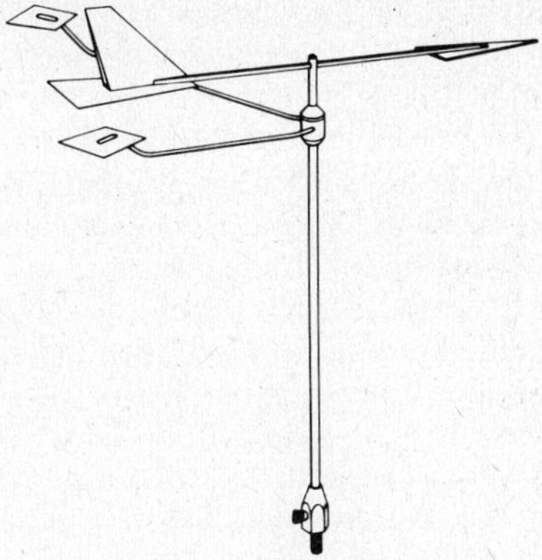

Windex
(ausbalanciertes Windrichtungsanzeigegerät)

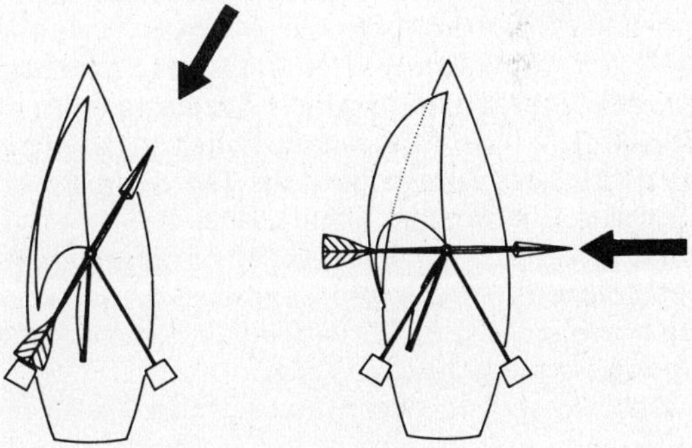

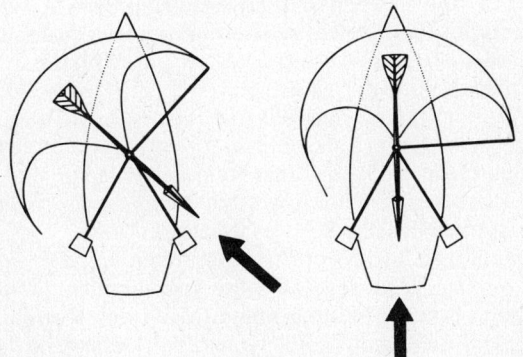

Arbeitsweise des Windex

Fällt eine Bö ein, dann warten wir nicht, bis wir vom Winddruck flach auf das Wasser gedrückt werden, sondern gehen leicht höher an den Wind. Ist die Bö durch, fallen wir rechtzeitig wieder auf den richtigen Kurs ab. Ein weiteres Hilfsmittel bei wechselnden Windstärken auf der Kreuz ist das schon beschriebene leichte Fieren der Schot; Segler nennen es auch ‹Schricken›. Das zahlt sich aus und verleiht dem Boot gleichmäßige schnelle Fahrt.

Es ist grundsätzlich falsch, die höchsterreichbare Höhe zum Wind zu segeln (knüppeln). Geschwindigkeit durch Abfallen kostet zwar Zeit; aber hier lohnt sich in 99 von 100 Fällen der längere Weg. Wir müssen dem aufrecht gesegelten Schwertboot auf Kreuzkursen die ganze Schwertgröße geben. Auf anderen Kursen kann man je nach Erfahrung mit dem Bootstyp das Schwert ganz oder auch teilweise einfahren oder hochholen.

Mit dem Vorwind- und dem Raumwind-Kurs können wir ein Ziel direkt erreichen oder, wie die Segler sagen: *anliegen*. Den so gesegelten Kurs bezeichnet man deshalb als ‹Anlieger›. Bläst der Wind von achtern (Vorwind-Kurs), dann setzen ihm alle Segel einen kräftigen Widerstand entgegen. Trotz des Widerstandes der Flächen gegen den Fahrtwind wird der Vortrieb beträchtlich. Segeln wir zum Beispiel bei Wind und Welle ‹Vor-Wind›, dann steht ein nicht richtig flachgezogenes und durchgestrecktes Segel sehr bauchig. Dadurch hat es eine tiefe Wölbung über dem querab vom Schiff stehenden Baum. Die auftreffende Luft schiebt zwar mit aller Kraft gegen die Segel, fließt aber nicht glatt nach allen Seiten ab, sondern bildet große Schübe nach oben und unten. Diese Strömungen (Schübe) haben, übertrieben gesagt, die gleiche Form wie eine sich brechende Welle.

Es fällt nicht schwer zu begreifen, daß die Kräfte im ausgebaumten Segel nach oben und unten wirken. Dadurch entsteht, oftmals noch unterstützt durch eine zur Zeit stehende Welle, ein ständiges Auf und Ab des Baumes. Die Bewegung überträgt sich natürlich auf das ganze Schiff und führt bei Jollen leicht zur Kenterung. Diesen unangenehmen Vorgang nennt man *geigen*. Erstes Mittel zur Abhilfe ist, das Boot etwas höher an den Wind zu bringen und dabei die Großschot dichter zu holen. Doch Vorsicht; auch hier kann die Jacht vollends außer Kontrolle geraten und selbständig aufschießen. Zweite Maßnahme ist das Flacherziehen des Großsegels mit dem Baumniederholer und dem Vor- und Unterliekstrecker. Dadurch werden in den meisten Fällen diese bockigen Neigungen unseres Schiffes beseitigt.

Auch richtiges Sitzen und Körpertrimmen üben hier wesentliche Einflüsse aus. Vor dem Wind segelnd sollte man nämlich die Mannschaft weit nach hinten holen. Dadurch kommt dann das Vorschiff weit aus dem Wasser, und die benetzte Fläche wird verkleinert. Auch die Nei-

Einstellung der Segel

gung zum Geigen nimmt bei mehr Heckgewicht ab.
Eine weitere Besonderheit beim Vor-dem-Wind-Segeln ist die Neigung des Baumes, bei stärker leewärts einfallendem Wind die Seite eigenmächtig zu wechseln. Das kann bei unaufmerksamen Steuerleuten zu bösen Kopfverletzungen der Crew führen. Oft geht beim harten Rüberschlagen der Baum in die Brüche; dagegen hilft nur ständiges Beobachten der Windfahne und im Bedarfsfall frühzeitiges *Schiften*. Schiften ist das Von-einer-Seite-zur-anderen-Bringen des Baumes (bei gesetztem Segel natürlich) unter Beibehaltung des Kurses. Aufmerksames Steuern und gelegentliches ‹Stützruder geben› werden nach wenigen Tagen Erfahrung mit dieser Art des Seitenwechselns der Segel schnell zur Gewohnheit.
Die richtige Einstellung des Vor- und Großsegels ist wichtig für den bestmöglichen *Vortrieb*. Nun sollte man nicht glauben, daß der Wind eine Jacht einfach durch Vorbeistreichen am Segel vorwärts treibt. Vielmehr sorgen der Wasserwiderstand, die Rumpfform, Kiel und Schwert für eine Umsetzung der Windkraft in die Bewegung ‹voraus›.
Beginnen wir mit dem *Großsegel*. Je stärker wir die Großschot dichtholen, desto flacher ziehen wir das Großsegel. Das geschieht im Grunde durch die mit dem Zug auf Segel und Großschot veränderte Mastbiegung. Je stärker unsere Mastbiegung wird, desto weiter wandert (verschiebt) der Bauch im Segel nach hinten. Ist das Segel zu flach, wird das Achterliek locker und verhindert durch ein Öffnen die Aufnahme der Windkraft. Je loser das Unterliek gefahren wird, desto voller steht das Großsegel! Deshalb eignet sich auch der Unterliekstrecker vorzüglich zum Flachziehen oder bauchigem ‹Trimmen›. Da alles mit dem nötigen Feingefühl geschehen muß, sollte man diese Handgriffe ausgiebig probieren. Ein gewaltsames Strammsetzen neuer Segel ist nicht zu empfehlen. Liekt man ein Großsegel in die Baumnut ein, dann merkt man schon beim Einziehen, was man an Anfangsspannung geben kann.
Auch der *Großbaumniederholer* hat, ähnlich wie die Großschot, eine Kontrollfunktion. Besonders auf Raum- und Vorwindkursen hat nämlich der Großbaum, bedingt durch den Winddruck im Segel, die Neigung zu steigen. Das liegt an der ausgefierten Großschot und der langen Lose, die zwischen Großschotblöcken am Baum und Travellerschiene zwangsläufig entstehen muß. Hier wird der Niederholer wirksam, indem er dem Baum nur genau die Strecke zum Steigen läßt, die ihm der Segler gibt. Dadurch bleiben das Achterliek geschlossen und der Winddruck im Großsegel voll erhalten. Bei wenig Wind jedoch sollte ein Niederholer nicht durchgesetzt gefahren werden. Bei den Vorsegeln (Fock, Genua) bestimmt die Position des verstellbaren Holepunktes die richtige Relation zwischen Vor- und Großsegel und damit in hohem Maße die Öffnung der Düse zwischen den beiden Segeln. Das Vor- oder

Zurückversetzen der Vorsegel-Holepunkte bedingt so die Verhältnisse zwischen Unter- und Achterliekspannung. Wir können damit je nach Revier- und Wetterbedingungen unsere Segeldüse öffnen oder schließen.

Die Spannung der *Vorschot* muß aufmerksam beobachtet und eingestellt werden. Bei leichten Winden kann man auch hier zuviel des Guten tun. Wird das Rigg zu stark durch Zug auf das Vorsegel belastet, schließt sich – wie schon beim Großsegel – das Achterliek.

Die beste Möglichkeit, den richtigen *Stand von Vor- und Großsegel* zu beurteilen, bietet sich durch eine Beobachtung des gesamten Riggs von einem anderen Boot aus. Anderenfalls kontrolliert man das Rigg am Liegeplatz oder bei Jollen an Land. Der Wind sollte jedoch nicht über 1,5 Windstärken liegen. Hat man das Großsegel gesetzt (die Fock bleibt unten), holt man es normal dicht und betrachtet es aus einer Entfernung von 8 bis 12 Metern. Das Achterliek bringt man mit dem Mast in Deckung und beurteilt danach den Bauch des Großsegels. Jetzt werden Spannungen im Achterliek durch Betätigen der Großschot verändert. Deutlich wird nun der Einfluß der Mastbiegung (Spannung) auf das gesamte Verhalten des Segels. Die Wölbung verändert sich fortwährend, und der Bauch wandert hin und her. Ein Blick von unten nach oben zeigt mögliche ‹Maximal- und Minimaltiefen›. – Mit den gleichen Methoden können wir die Vorsegel beurteilen und prüfen und den Spinnaker zur Probe fliegen lassen.

Nach den Erkenntnissen der Segelmacher lassen sich die wirkungsvollsten Segeleinstellungen sichtbar machen – anders ausgedrückt: die vorbeiströmende Luft in ihrer Fließrichtung beobachten. Manfred Currey, einer der frühen Theoretiker, benutzte zum Beispiel gefärbten Rauch, um die Strömungen am Segel zu studieren. Bekannte Regattasegler saßen bei wenig Wind in ihren Schiffen und pafften eine dicke Zigarre; an dem abziehenden Rauch konnten sie den Lauf des Windstroms am Segel beobachten. Das hat natürlich bei etwas mehr Wind seine Grenzen. Eckart Wagner, einer der weltbekannten Segler, hat eine nicht ganz neue Idee aufgegriffen, *Wollfäden* am Segel zu befestigen. Die Schwierigkeit, die richtigen Stellen im Segel für die Anbringung möglichst effektiv und genau arbeitender Wollfäden zu finden, hat ihn eine ganze Weile beschäftigt. Die Zeichnungen aus seinen Versuchsserien und auch das Foto auf Seite 64 zeigen, wo die Fäden aufgeklebt werden müssen, nämlich auf der Luv- und Leeseite des Segels. Bei richtig getrimmten Segeln und richtiger Fahrt zum Wind liegen die Fäden waagerecht am Segel an. Flattert das Fädchen auf der Luvseite, wird zu hoch am Wind gesegelt, und man muß abfallen. Der Wind fällt in diesem Fall also nicht im richtigen Winkel in das Tuch, und die Luftströmung ist unterbrochen. Auf ‹Raumwind-Kurs› übertragen

Luftströmung am Segel

Richtiger Trimm im Vorsegel

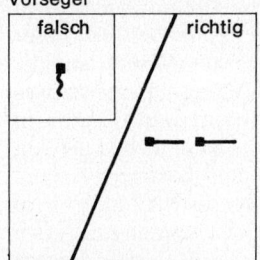

Nur bei anliegenden Wollfäden bleibt die Strömung am Segel.

Wollfäden im Großsegel

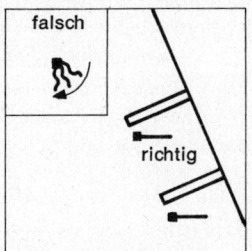

Für das Großsegel gelten die gleichen Prinzipien; die Wollfäden werden unterhalb der Lattentaschen angebracht.

Wie anbringen?

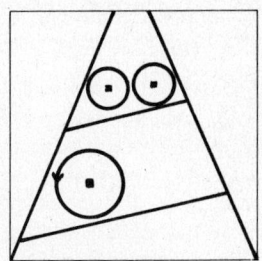

Oberes Drittel für Trimmstudien. Radius 8 – 12 cm vom Vorliek frei. Zwischen die Nähte, damit sich der Faden nicht verhängt.

Luvseite Genua

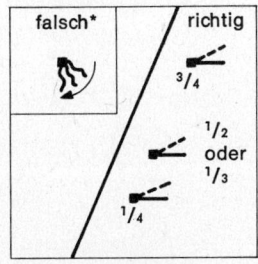

1. Faden am 1. Viertel
2. Faden etwas höher
3. Faden im 3. Viertel, um den Holepunkt zu korrigieren. Leichtes Aufsteigen richtig bei Aussegeln von Böen.

* Kurs zu hoch am Wind: Luvströmung unterbrochen

Leeseite Genua

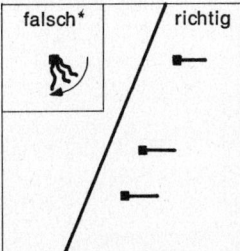

* Zu weit vom Wind abgefallen!

Spezielles Fenster für Wollfäden

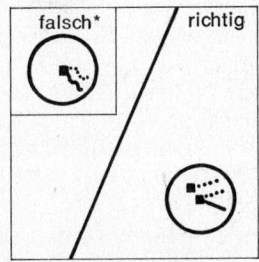

2 Fäden im Fenster: auf Lee und auf Luv. Für bessere Sicht bei Nacht mit Taschenlampe ablesen.

* Leefaden sollte ca. 3–5 cm versetzt angebracht sein, um Verwechslungen zu vermeiden.

bedeutet das: Die Schot wird zu lose gefahren, oder man hat sein Vorsegel zu dicht gezogen. Dabei sollte der Kurs vorsichtig geändert werden. Fällt man nämlich zu stark ab, fällt auch der Leefaden nach unten. Dann ist die Strömung an der Leeseite des Segels unterbrochen.

Die konstruktiven Gegebenheiten eines jeden Segels oder des gesamten Riggs lassen den Spielraum für talentierte Schnellsegler mit Wollfäden im Segel weit offen. Anbringen kann man diese Hilfsfäden an jeder Jacht. Wer es noch genauer wissen will, kann sogar den Trimm und die Form seiner Segel mit Hilfe dieser Fäden regulieren. In diesem Fall sollten sie im oberen Drittel des Vorsegels auf beiden Seiten angebracht sein. Liegen die Fäden dann über die ganze Vorsegelbreite waagerecht an, kann man auf den günstigsten Holepunkt bei richtigem Trimm schließen. Liegt der hintere Wollfaden nicht an, dann stimmt etwas nicht mit dem Vorsegel-Holepunkt. In diesem Fall löst man etwas den Druck auf das Segel-Achterliek durch Verstellen der Holepunkte nach hinten oder vorn.

Nützt alles Trimmen und Verstellen nichts und tanzen die Wollfäden weiterhin auf dem Tuch herum, dann ist der Vorsegelschnitt nicht in Ordnung. Da kann nur ein Segelmacher helfen. Die gleichen Wollfaden-Techniken gelten im Grunde auch für das Großsegel, außer daß man hier die Arbeit des Regulierens mit dem Traveller und der Großschot durchführt. Wichtig ist ferner die kombinierte Einstellung zwischen Baumniederholer-Spannung und Cunningham-Streckung im Großsegel.

Druckverhältnisse am Segel

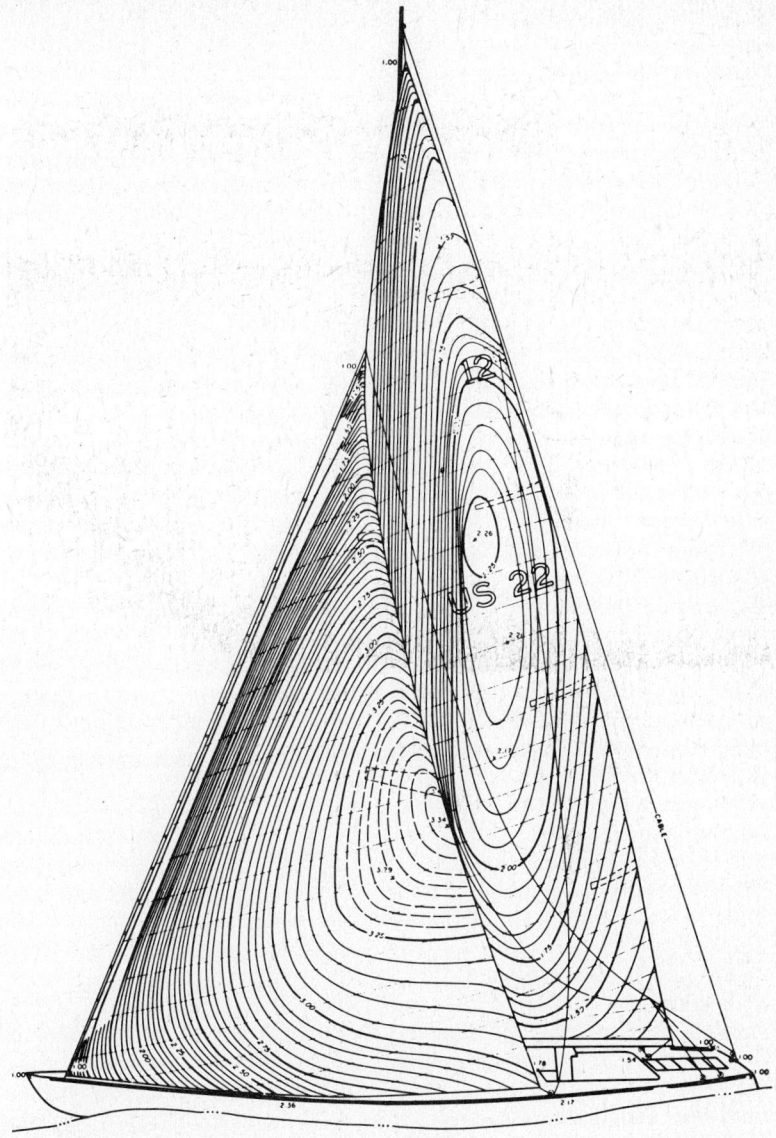

Für den Americas-Cup-12er vom Computer errechnete Profile und Druckverhältnisse am Segel.

Knoten und Steke

Wer ein Schiff sicher am Steg festmachen will, benötigt die ‹richtigen› Knoten und Steke. Das sind alle außer dem Weiberknoten, den die brave Bauersfrau verwendet, um ihre Kuh oder Ziege am Markttag festzubinden. Eigenart der Seemannsknoten ist, daß sie sich auf Zug fest zusammenziehen und durch gezielten Druck leicht wieder öffnen lassen. Es gehört jedoch für Anfänger schon einige Übung dazu, deren vielfältige Macharten zu erlernen und auch zu behalten.

Will man zum Beispiel eine Vorschot oder auch eine Großschot gegen das Ausrauschen aus dem Schlußblock sichern, dann verwendet man einen *Achtknoten*. Je weiter man mit dem Achtknoten auf dem Ende des Tampen landet, desto eleganter wirkt er. Übrigens: ein *Ende* ist immer die ganze Länge einer Schot oder eines anderen Stücks Leine; ein *Tampen* ist hingegen immer das Ende vom Ende.

Auf dem Tampen sitzt der *Takling*, mit dem man das Ausfasern des Seiles verhindert. Will man zwei gleich starke Leinen miteinander verbinden, dann verwendet man den *Kreuzknoten*. Dieses Verlängern von Leinen mit einer zweiten Länge nennt man auch ‹Anstecken›. Ausgangspunkt für das richtige Zustandekommen dieses Knotens ist die Regel: Was oben ist, muß oben bleiben.

Der einfache und doppelte *Schotstek* wird immer dann geknüpft, wenn zwei ungleich starke Enden miteinander verbunden werden sollen. Ausgangspunkt für jeden Schotstek ist die *Bucht*. Diesen Knoten macht man schon deshalb, weil dünnere Enden zum Wiederherausrutschen neigen und sich nur schwer selbst beklemmen. – Besonders sicher ist der doppelte Schotstek. Am häufigsten werden solche Steke zum Verlängern von Ankertrossen und Abschleppleinen verwendet.

Alle diese Knoten und Steke kann man gegen selbsttätiges Öffnen noch mit halben Schlägen sichern. Deshalb bindet man Gegenstände am Schiff und manchmal auch das Schiff selbst vorübergehend mit zwei *Rundtörns* und zwei halben *Schlägen* davor fest. Macht man an einem Ring fest, dann halten die beiden Rundtörns schon fast die ganze Last; die halben Schläge sichern vor dem Aufrutschen und sind wieder leicht zu lösen.

Will man sich an dicken Pollern, Pfählen oder Geländern anbinden, verwendet man den *Webeleinsteg*. Gerade bei diesem Stek kann man deutlich des Funktionsprinzip aller Knoten erkennen: Auf den geringsten Zug des Schiffes auf die Festmacherleine zieht sich das kreuzweis liegende Taugebilde zusammen und sitzt bombenfest. Auf leichten Druck jedoch kann man alle Parten wieder lösen. Deshalb setzt man, will man das Schiff längere Zeit unbeaufsichtigt lassen, noch ein bis zwei halbe Schläge auf das zum Schiff gehende Ende des Taues. Nun kann

Knoten und Steke

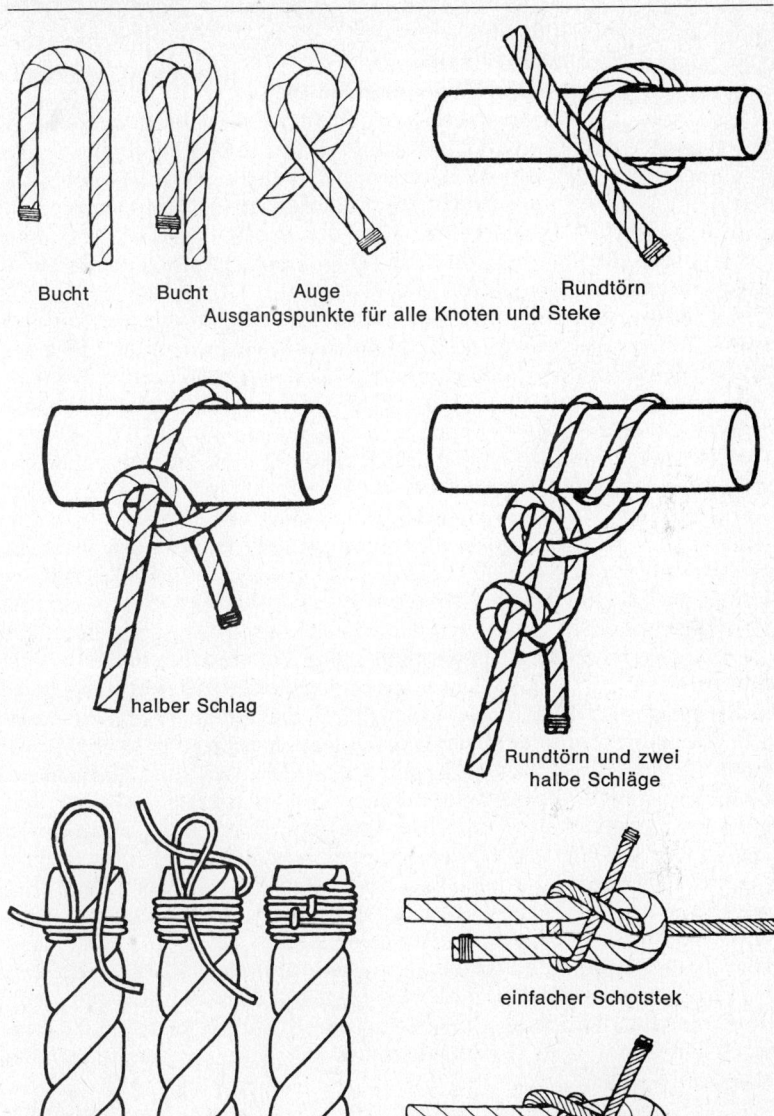

Bucht Bucht Auge Rundtörn
Ausgangspunkte für alle Knoten und Steke

halber Schlag

Rundtörn und zwei
halbe Schläge

einfacher Takling
(Behelfstakling)

einfacher Schotstek

doppelter Schotstek

nichts mehr von allein aufgehen.
Der *Slipstek* dient ebenfalls zum kurzzeitigen Festmachen an Relingsdurchzügen und anderen Gegenständen. Bei ihm läßt man das freie Ende so aus dem Rundtörn herausschauen, daß man durch kurzen Zug auf die Part den ganzen Stek blitzartig wieder öffnen kann.
Will man sich an eine feste Leine (Schleppleine o. ä.) anhängen, verwendet man den *Stopperstek*. Dieser Knoten ist so auf Zug ausgelegt, daß zum Beispiel kein Nachrutschen der eigenen Vorleine auf dem Schleppseil eintritt. Entlastet man jedoch die Klemmung dieses Steks etwas, dann wird er wieder verschiebbar.
Ein weiterer, sehr wichtiger Stek an Bord ist der *Roringstek*. Mit ihm befestigen wir die Anker- oder Sorgleine am Anker. Vor dem Festziehen der beiden halben Schläge auf dem Roring stecken wir den Tampen zwischen Metall und Tau durch und holen erst dann dicht. Zwei halbe Schläge geben zusätzliche Sicherheit.
Der *Palstek* ist der am häufigsten verwendete Stek an Bord. Wer ihn richtig zu knüpfen versteht, wird im Grunde mit jedem Bordproblem fertig. Mit ihm wird, wie schon sein Name sagt, die Festmacherleine am Pfahl fixiert. Deshalb soll sein Auge immer der Stärke des jeweiligen Pfahlholzes angepaßt werden. Seine wichtigste Eigenschaft ist, daß sich sein Auge nicht von selbst zuzieht. Schon deshalb kann man ein mit Palstek gebundenes Ende auch schnell und leicht beim Anlegemanöver ab- und überhängen, wo immer man will. Zieht man durch den Palstek die nachfolgende Länge des Festmachers, hat man trotzdem eine gewisse Klemmung am Pfahl und die Gewißheit, daß die Leine bei zeitweiser Entlastung nicht mit dem Palstek ins Wasser rutscht.
Eine Variante des einfachen ist der *doppelte Palstek*. Seine Einsatzgebiete sind sicherheitsbedingte. Schoten und auch Festmacher werden auf Klampen mit einem Kopfschlag befestigt. Hierzu legt man die Leine kreuzweise um die Ohren der Klampe. Das Ende muß dann genau parallel zur Lage der Kreuzschläge verlaufen; alles andere ist falsch und unseemännisch. Wer besonders schnell wieder lösen möchte, kann einen Slip unter den letzten Kreuzschlag legen.
Wer diese Knoten und Steke beherrscht und sie regelmäßig anwendet, wird ihre Zweckmäßigkeit außer Frage stellen. Wer meint, es geht auch ohne sie, der wird eines Tages vor der Entscheidung stehen, eine wertvolle Schot oder Festmacherleine mit dem Messer kappen zu müssen.

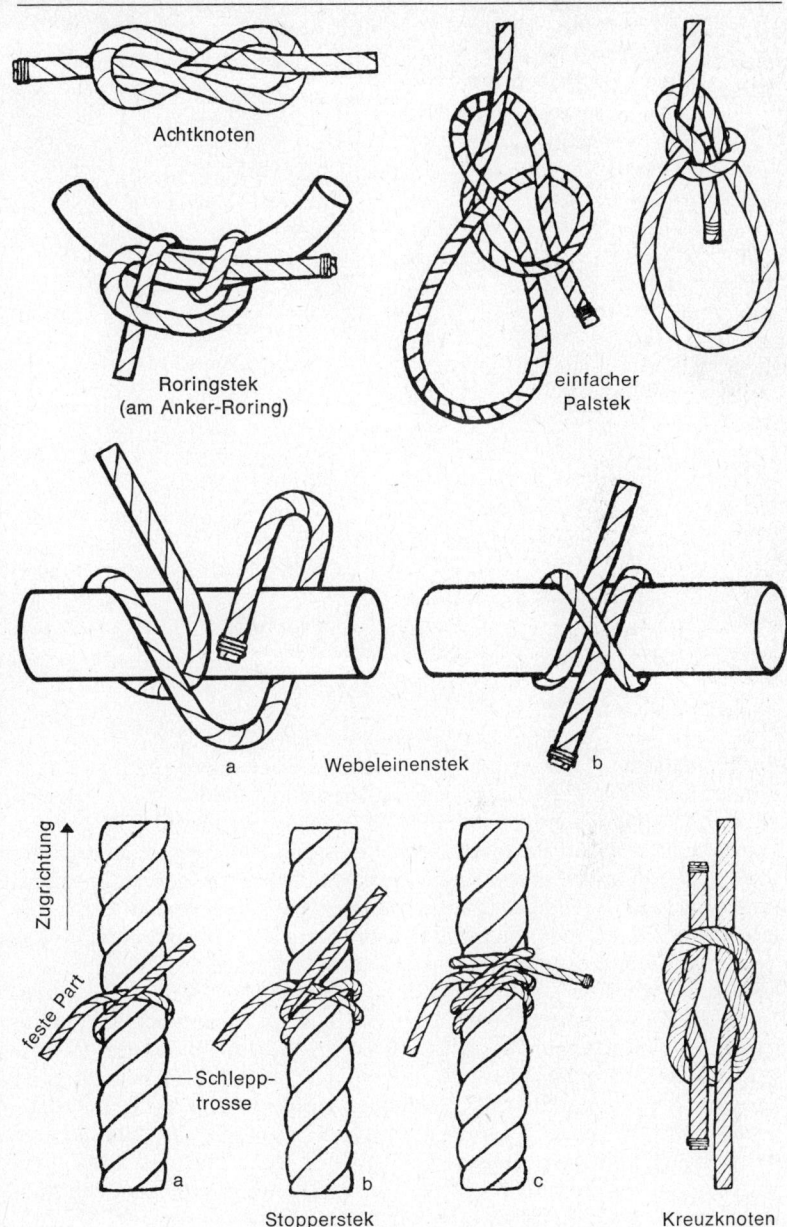

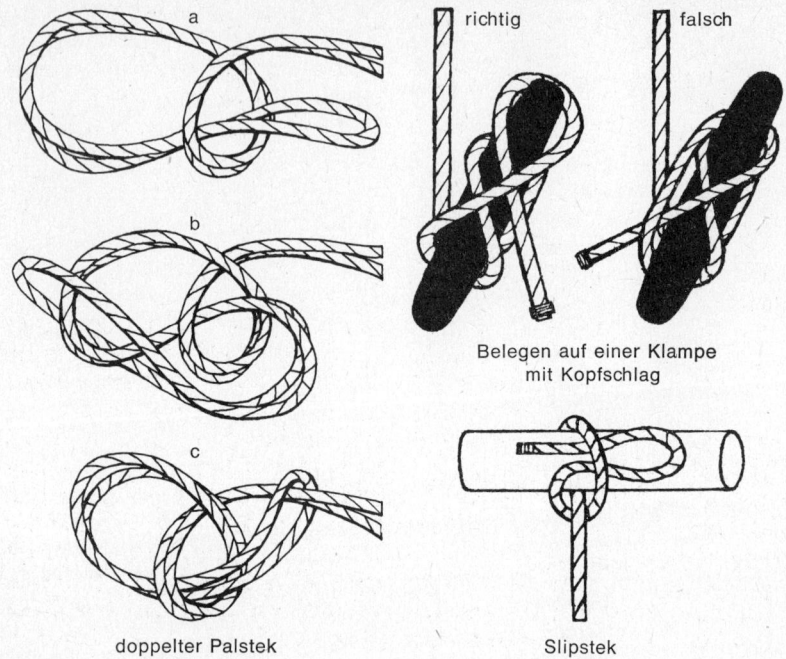

doppelter Palstek

Belegen auf einer Klampe mit Kopfschlag

Slipstek

In der Sportschiffahrt wird heute zu über 95 Prozent *Kunststofftauwerk* verwendet. Es ist glatter und rutschiger bei Nässe als die früher bekannte Manila-Ware. Schon deshalb ist es für jeden wichtig, sein Eigentum durch den richtigen Festmacherknoten gegen Verlust zu sichern. Wer richtig knotet und stekt, hat auch nie lange Enden aus ihnen heraushängen. Das geübte Auge erkennt schon nach wenigen Wochen Praxis die benötigte Tauwerkslänge für die Herstellung der entsprechenden Augen oder Buchten.

Geschlagenes Tauwerk kann man ohne Schwierigkeiten spleißen und betakeln. Bei Kunststofftauen kann das Ablängen und auch das Versiegeln der Tampen mit einem Elektrolöter oder mit einem Feuerzeug geschehen. Alles an Tauwerk auf einer Jacht oder Jolle muß nach Gebrauch wieder sauber aufgeschossen werden. Wird es nach einigen Jahren intensiven Gebrauchs schmutzig, kann man es in einer leichten Waschlauge reinigen. Schlechtes Tauwerk sollte man jedoch schnell ausmustern; es könnte sonst passieren, daß unbrauchbares Material nach dem Festmachen bricht und dadurch Schäden verursacht werden.

An- und Ablaufen am Strand

Jollen und Hubkieler können auch in Revieren segeln, die wegen ihrer geringen Wassertiefe für Kieljachten nicht geeignet sind. Feriengebiete an langen Sandstränden bieten sich geradezu für einen Urlaub mit solchen Booten an. Bei leichten bis mittleren Winden ist das An- und Ablegen auch keine große Sache. Werden Wind und Welle jedoch stärker, dann gehört schon etwas Übung dazu, Boot und Mannschaft heil aufs Trockene zu bringen.

Weht der Wind von See zum Land hin, dann bezeichnet man ihn als *auflandig*. An den Strand gehen sollte man bei diesem Wind folgendermaßen: Der Steuermann segelt das Schiff so weit auf das Land zu, bis ihm der beobachtende Vorschoter Flachwasser meldet. Dann wird ein Aufschießer gefahren und das Großsegel weggenommen. Nur unter Fock nähert man sich jetzt mit mäßiger Fahrt der Uferformation.

Als nächstes werden Schwert und Senkruder aufgeholt; die Arbeit des Steuers übernimmt das Paddel. Trotzdem ist auf den letzten Metern in der Brandung vor dem Strand Vorsicht geboten; nicht jeder Grund ist nämlich frei von scharfkantigen Steinen. Fährt man mit hoher Fahrt auf den Strand zu, kann es für Lack und Kunststoff-Außenhaut gefährlich tiefe Schrammen und Kratzer geben; der ‹Aha-Effekt› der am Strand liegenden Stauner lohnt dieses Aufrauschen niemals. Deshalb wird ein vorsichtiger Segler im seichten, knietiefen Wasser aufschießen und danach sein Vorsegel bergen. Erst dann zieht er sein Schiff langsam und vorn leicht anhebend auf den Strand. – Auf ein Handzeichen finden sich bestimmt einige Badegäste, die ihm beim Herauftragen auf den höheren Strand behilflich sind.

Will man bei auflandigem Wind ablegen, empfiehlt sich ein Drehen der Jolle mit dem Bug gegen den Wind. Dann setzt man beide Segel, schiebt das Schiff ins Wasser und placiert den Vorschoter am Vorstagsbeschlag. Im hüfttiefen Wasser steigt der Steuermann in das Boot ein und steckt zunächst das Ruder in die Halterung. Bei stärkerer Welle tanzt bei diesen Arbeiten das Segelfahrzeug in Brandung und Schwell. Jetzt muß alles sehr schnell gehen. Vorsichtig verholt der Vorschoter das Fahrzeug nach vorn und schwingt sich auf der Luvseite ins Schiff. Der Steuermann nimmt sofort das Großsegel dicht und fällt quer zum Land ab. In der Zwischenzeit hat der Vorschoter die Schot des Vorsegels dichtgeholt.

Jetzt ist man in der Brandung wieder bedrohlich nahe an das Ufer zurückgedrückt worden. Sofort geht man über Stag (wenden) und nimmt mit höchster Eile alle Segel dicht. Je nach Höhe der Wellen und Stärke der Brandung muß man dieses Manöver wiederholen, ehe man von dem Küstenbereich freikommt. Es kann auch passieren, daß man so nahe an das Ufer zurückgeworfen wird, daß ein neuerliches Abspringen des Vorschoters notwendig wird; dann beginnt alles noch einmal von vorn.

Nähert man sich bei *ablandigem* Wind dem Strand, dann geschieht es mit Kreuzschlägen oder raumschots. Auch hier geht man im knietiefen Wasser kurz vor dem Strand zu einem Aufschießer über. Dann springt der Vorschoter ins Wasser, um das Boot am Vorsteven festzuhalten. Erst jetzt nimmt man das volle Schwert und das Ruder hoch und zieht die Jolle unter Berücksichtigung des ufernahen Grundes an Land. – Auch bei dieser Version muß in größter Eile gehandelt werden; sonst treibt uns die nächste Bö ins tiefere Wasser zurück.
Will man bei ablandigem Wind wieder auf offenes Wasser zurück, dann setzt man zunächst nur die Fock und läßt sich vom Land wegziehen. Die ersten Meter steuert man mit dem Paddel und fiert erst dann Schwert und Ruder auf Tiefe. Nach einem Aufschießer setzt man das Großsegel und läßt sich noch etwas weiter mit backgehaltener Fock ins tiefere Wasser drücken. Dann fällt man leicht ab und geht auf den gewünschten Kurs.

Anlaufen am Strand

An- und Ablegen

Das An- und Ablegen von Stegen und Brücken erfordert ein hohes Maß an Übung. Hier gilt es, nicht nur das eigene Boot, sondern auch die anderer Segler vor Beschädigungen zu bewahren. Eigentlich ergeben sich die erforderlichen Notwendigkeiten von selbst. Liegt der Steg oder die Anlegebrücke auf der *luvwärtigen* Seite, dann kann man je nach den örtlichen Gegebenheiten mit einem Aufschießer heransegeln. Nur wer sein Boot genau kennt, sollte allerdings gegen feste Bauwerke wie Kaimauern und Schwimmstege aufschießen. Stellt man beim Aufschießen fest, daß man zu viel Fahrt im Schiff hat, muß sofort abgefallen und ein neuer Versuch gesegelt werden. Es ist grundsätzlich falsch, mit raumem oder achterlichem Wind an die Anlegestelle heranzufahren und dort mit Händen und Füßen abzubremsen; manch einer hat diese Versuche mit schweren Verletzungen bezahlt.

In einem Revier mit Strömung sollte man grundsätzlich *gegen den Strom anlegen*. Fehlt ein Hilfsmotor, dann nimmt man in genügender Entfernung vom Anlegeort zunächst das Großsegel weg und fährt nur unter Genua oder Fock weiter. Kurz vor dem Ziel läßt man das Vorsegel ausfliegen und kann so gefahrlos anlegen.

Eine Jacht sollte immer zuerst am Vorschiff und dann am Heck festgemacht werden, es sei denn, man geht am Steg vor Buganker.

Das *Ablegen* geschieht je nach Windrichtung ebenfalls mit der nötigen Umsicht. Segel setzt man immer nur dann, wenn man absolut vorlichen Wind hat und der nötige Abstand zur nächstliegenden Jacht vorhanden ist. Durch kurzes Backhalten des Vorsegels unterstützt der Vorschoter das schnelle Freikommen vom Steg und sorgt durch weitere schnelle Manöver für eine zügige Fahrtaufnahme der Jacht. Beim Einlaufen in einen fremden Hafen erkennt man meistens schon bei der Einfahrt, welche Ausweich- oder Wendemöglichkeiten es zwischen den Steganlagen gibt.

Vor dem *Einlaufen* in den vorgesehenen Liegeplatz sind die Festmacher klarzulegen. Die Achterleine wird beim Passieren des hinteren Luv-Pfahles übergeworfen. So kann man Hand über Hand Fahrt abfangen, bevor das Vorschiff am Steg ankommt. Außerdem wird ein seitliches Auftreiben auf ein Nachbarschiff durch schnelles Dichtsetzen der Achterleine verhindert. Jetzt kann man in Ruhe die Lee-Achterleine festmachen und auf jeder Seite die erforderlichen Fender aushängen. Das gilt gleichermaßen für Jollen und Kieljachten.

Beim *Auslaufen* löst man zuerst die Lee-Leine, holt dann wieder von Hand mit der Luv-Achterleine, wenn nötig auch mit leichter Motorhilfe, das Schiff zurück. Die Vorleine wird so lange wie möglich aus der Hand gefahren und so spät wie möglich eingeholt. Umsichtigkeit beim

An- und Ablegen

Zurücksetzen ist ebenso wichtig wie langsames Einlaufen in einen Jachthafen.
Falsch ist in jedem Fall ein unüberlegtes Benutzen fremder Liegeplätze. Jeder Hafenmeister sagt einem gern, wo ein Platz für Kurz- oder Langzeitlieger frei ist. Denn wer möchte schon ein fremdes Schiff an seinem Liegeplatz vorfinden. Beim An- und Ablegen am eigenen Liegeplatz gelten selbstverständlich die gleichen Regeln, nur daß oft das knapp bemessene seitliche Platzangebot dazukommt. Selbst erfahrene Segler werden, oft schon wetterbedingt, an den verschiedenen Zielorten immer wieder vor neue An- und Ablegeprobleme gestellt. Nur ständiges Üben garantiert einen unbeschädigten Jachtrumpf.

Anlegen

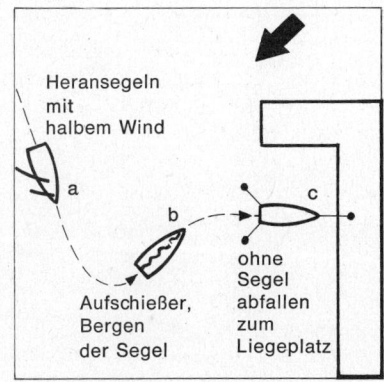

Anlegen in Lee am Steg
(schräger Windeinfall)

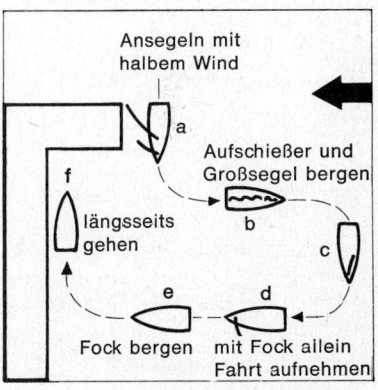

Anlegen an der Luvseite des Steges

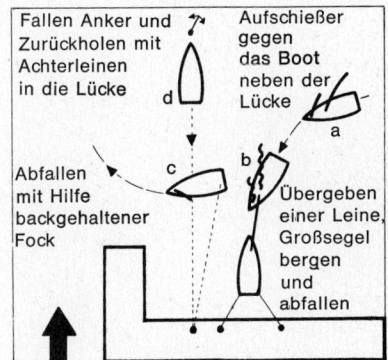

Anlegen mit dem Heck an der Pier
(Leeseite)

An- und Ablegen

Ablegen

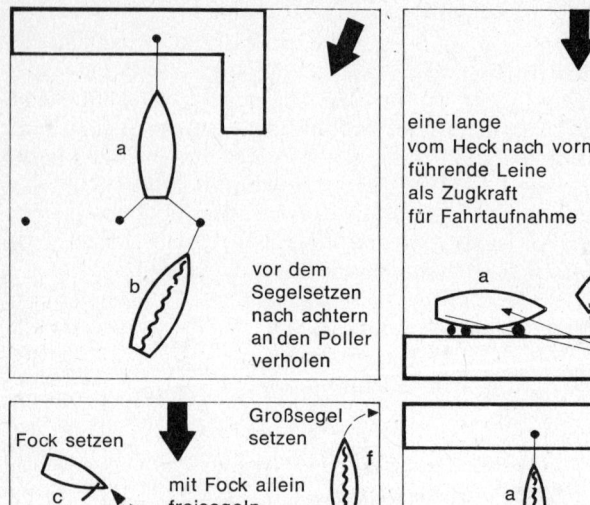
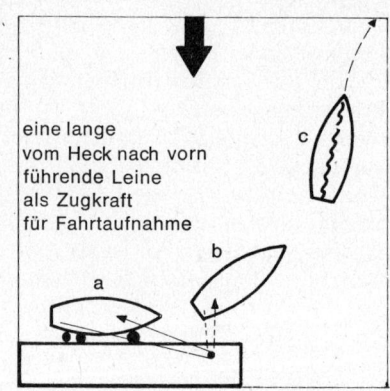
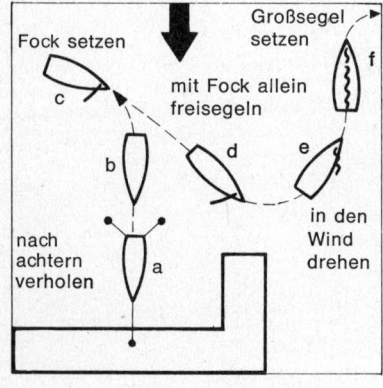
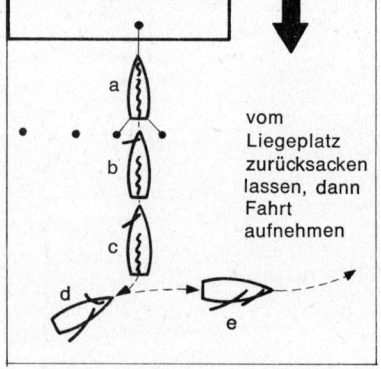

Ablegen vom Steg auf der Luvseite

Ablegen vom Steg in Lee

Trimmen

Bevor wir nun in der Segeltheorie fortfahren, muß noch von einem prinzipiellen Verhalten der Jachten gesprochen werden, wenn auch die Segeleigenschaften so unterschiedlich wie die Jachtformen selber sind. Eine Schwertjolle mit ihrem flachen Unterwasserschiff kommt schneller auf Endgeschwindigkeit als die wesentlich schwerere Kieljacht. Trotzdem sind im Geschwindigkeitsmittel keine gravierenden Unterschiede zu finden. Jedes Boot beherrscht auch der beste Segler nur durch intensives Training bei allen Wind- und Wellenverhältnissen. Dabei spielt der Begriff ‹Einstellungssache› eine große Rolle. Nicht jeder will Rennen fahren, sondern liebt es, gemütlich zu schippern. Andere legen auf all diese Dinge überhaupt keinen Wert und segeln so, wie es ihnen gerade in den Sinn kommt. Rennsegler jedoch sind Perfektionisten. Sie rechnen nicht nur mit Wind und Welle, sondern auch mit Abwind, Strömung und Winddrehungen.

Der *Grundtrimm* für alle beginnt mit der Behebung etwaiger Luv- oder Leegierigkeit. Merken wir, daß unser Segelfahrzeug nach der einen oder anderen Seite ausbricht, also zu selbsttätigem Anluven oder Abfallen neigt, dann ist der Tatbestand der Luv- oder Leegierigkeit erfüllt. In solchen Fällen ist der Steuermann ständig damit beschäftigt, mit dem Ruder zu korrigieren, was zu ungünstigen Verwirbelungen an Ruder und Lateralplan führt.

Luv- und Leegierigkeit entsteht im allgemeinen dadurch, daß die Prozentverhältnisse zwischen Segelschwerpunkt und Lateralplan nicht stimmen. Hat man einmal die richtige Einstellung aller Riggteile und Bedienungselemente gefunden, dann sollte man sie auf dem Rumpf mit Klebemarken fixieren. Sonst muß man zur nächsten Saison von neuem mit der Tüftelei beginnen. Liegt der Segelschwerpunkt zwischen drei bis zehn Prozent vor dem Lateralschwerpunkt, dann hat man schon das halbe Ziel erreicht; das richtige Gleichgewicht zwischen beiden Punkten bedeutet dann den richtigen Trimm.

Diese Gleichgewichtswerte verändern sich natürlich je nach Kurs des Bootes, Bootsgeschwindigkeit, Krängung der Jacht und Art der Segel. Liegt nun – leider kann man das nicht sehen, sondern nur fühlen – der Segelschwerpunkt hinter dem Lateralschwerpunkt, dann will unsere Jolle oder Jacht automatisch höher an den Wind (Luvgierigkeit). Liegt aber umgekehrt der Segelschwerpunkt vor dem Lateralschwerpunkt, dann neigt eine Jacht zur Leegierigkeit.

Ein Jollensegler schätzt den ruderdrucklosen universellen Trimm, der Tourensegler die leichte Luvgierigkeit. Segelt ein Skipper einmal allein und fällt aus irgendeinem Grund über Bord, dann läuft ein leicht luvgieriges Boot nicht von selbst davon; es schießt vielmehr nach einer bestimmten Fahrstrecke auf. Je nach Schwerfälligkeit des Schiffes kann man als Alleinsegler die Luvgierigkeit, die der eigenen Sicherheit dient, noch entsprechend vergrößern.

Wie kann nun eine ungewollte Luv- oder Leegierigkeit beseitigt werden? – Zunächst einmal die *Leegierigkeit*: Man versetzt den Mast etwas in der Mastschiene nach achtern oder kippt den Mast (Neigung) in seinem Topp etwas nach hinten. Außerdem kann man die Vorsegel verkleinern oder gar killen lassen, das Großsegel vergrößern oder ausreffen. Für die *Luvgierigkeit* gilt: Versetzen des Mastes nach vorn oder Mastfall nach vorn. Dann sollte die Fock vergrößert und ein Reff in das Großsegel gebunden oder gedreht werden. Als letztes Mittel gegen Luvgierigkeit kann man das Großsegel killen lassen oder die Mannschaft nach achtern bringen. Das Aufholen des Schwertes und des Ruderblattes kommt für diesen Fall natürlich nur bei Schwertbooten in Frage. Überhaupt spielt – und das nicht nur bei kleineren Booten – die *Gewichtsverteilung* auf dem gesamten Schiffsbereich eine wesentliche Rolle. So sollte bei Flaute die Crew weiter vorn im Schiff sitzen, um Gewicht nach vorn zu trimmen. Dadurch kommt der Spiegel – besser noch: dessen untere Kante – vom Wasser frei und erzeugt keine saugenden Wirbel. Schon nach wenigen Segeltagen kann man erkennen, ob ein Kielwasser am Heck sauber und glatt vom fahrenden Schiffsrumpf abreißt oder ob es gurgelnd wie gedrücktes Preßwasser hochsteigt.

FD auf der Zielkreuz

Gewichtsverteilung 79

470er auf der Kreuz

FD auf dem Vorwind-Kurs. Beide Segler sitzen weit vorn am Reitbalken. Dadurch saugt der Spiegel nicht, und das Wasser kann frei abfließen.

Aufschießer

Zu den Besonderheiten der Segelei gehört die Tatsache, daß es keine Möglichkeiten zur plötzlichen Abbremsung der Fahrt gibt. Trotzdem muß des öfteren die Geschwindigkeit bei Gefahr oder beim Anlegen an Brücken oder Bojen aus dem Schiff heraus. Für diesen Fall machen wir einen *Aufschießer* gegen den Wind. Auch dieses Manöver muß ausgiebig geübt werden.

Im Grunde ist ein Aufschießer nichts anderes als aus voller Fahrt so lange gegen den Wind zu drehen, bis die Segel im Wind killen (flattern). Sind die Windkraft und der Vortrieb erst einmal vom Schiff weg, dann gleitet man nur noch einen kurzen Weg und steht bald auf der Stelle. Kennen sollte man auf jeden Fall die Strecke des Schiffes, die unter Berücksichtigung von Wind und Welle vonnöten ist, um auch wirklich am richtigen Ort zum Stehen zu kommen.

Ist man richtig aufgeschossen, dann werden alle Schoten losgeworfen, um ein neuerliches Fahrtaufnehmen auszuschließen. Zu diesem Zweck legt man alle Schoten im Schiff so, daß sie nicht vor Blöcken und Führungen kinken (verdrehen) und festkommen können.

Geschwindigkeit und Beweglichkeit der Crew ist für ein richtiges Aufschießen Voraussetzung. Jedes träge angesetzte Manöver ist von vornherein zum Scheitern verurteilt, und zwar schon deshalb, weil die Welle, gegen die wir zum Beispiel bei Wind anschieben, uns schon beim ersten Anlauf vom gewünschten Gegenstand (oder auch gegen einen solchen) wegdrückt. Fahrt und Auslauf der Jacht sind also vorher in einigen Manövern gründlich bei allen Winden zu testen.

Es gehört viel Geschick dazu, Schiff und Crew sicher durch Aufschießer von Gefahr oder Ramming freizuhalten. Grundregel dabei ist, daß ein leichtes Boot nicht so viel Auslauflänge hat wie ein schweres, aber schneller vom Punkt wegtreibt als das schwere.

Beiliegen

Will man für einen gewissen Zeitraum auf der Stelle liegen bleiben und nicht die Segel bergen, dann muß man beiliegen; auch bei Sturm empfiehlt sich dieses Manöver. In extremen Situationen kann oder will man oft die Segel nicht mehr herunterbekommen. Das Vorsegel, meistens die Fock, wird backgeholt, und das Großsegel killt. Das Ruder wird nach Luv geholt und festgebunden. Jetzt liegt unser Schiff ungefähr gegen den Wind und treibt zur Seite weg. Die Krängung wird je nach Bootstyp geringer, und nach und nach pendelt sich unser Schiff auf eine

Aufschießer

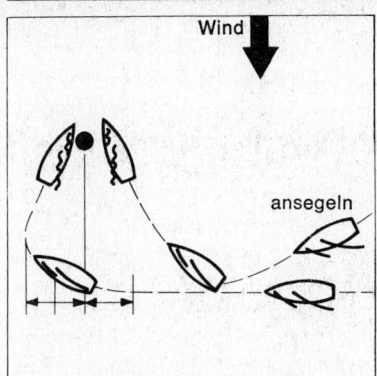

Nahezu-Aufschießer:
hierbei kann nach Dichtholen der Schoten sofort weitergesegelt werden

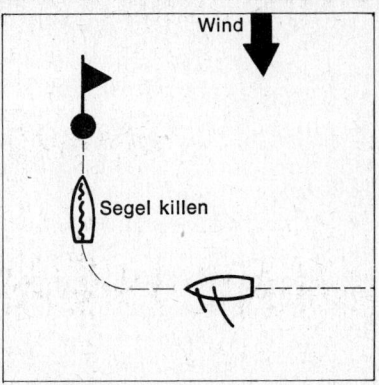

Aufschießer:
die Jacht steht genau im Winkel, das Segel killt über der Mittschiffsebene

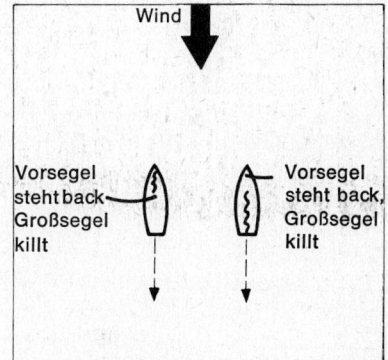

Segel-Backsetzen:
zum Rückwärts-Segeln holt man Groß- oder Vorsegel gegen den Wind
(2 Möglichkeiten)

stabile Lage zum Wind ein. Zusammenfassend hier noch einmal die Situationen, in denen ein Beiliegen zu empfehlen ist: bei Sturm, Unfällen oder Arbeiten im Schiff, beim Liegen vor der Startlinie bei Regatten oder Reffarbeiten.

«Mann über Bord»

Bei kaum einem anderen Manöver sind so viel Theorien aufgestellt und so viel Streitgespräche geführt worden wie bei diesem. Viele Fachautoren haben ihre Version zu diesem wichtigsten aller Manöver beigesteuert. Fest steht nur, daß Geschwindigkeit und Perfektion hier zum Lebensretter werden können. Trotz aller Sicherheitsvorkehrungen passiert es leider immer wieder, daß die Sicherheitsleine nicht eingepickt wurde und zu allem Unglück – oder aus Bequemlichkeit – die Schwimmweste nicht angelegt ist.

Fällt ein Besatzungsmitglied über Bord, dann muß unverzüglich das Mann-über-Bord-Manöver eingeleitet werden. Hat der Überbordgegangene gar noch eine Verletzung davongetragen, ist äußerste Eile geboten. Schnelle und geschickte Segler schießen auf, reißen ihr Schiff auf der Stelle hoch und kommen schon nach wenigen Metern zum Stehen. Oft kann der Mann im Wasser selber mit ein paar Zügen an das Schiff zurückschwimmen. Das ist jedoch dann eine gefährliche Sache, wenn der Betroffene verletzungsbedingt nicht mehr richtig schwimmen kann.

Leitet man ein Mann-über-Bord-Manöver ein, dann sollte man den im Wasser Treibenden stets beobachten. Sonst läuft man Gefahr, ihn bei der Durchführung des Manövers aus den Augen zu verlieren. Als erste Maßnahme kann man – wetterbedingt natürlich – eine sofortige *Halse* einleiten, auf dem ‹am Windkurs› weitersegeln und auf ‹Vorwind› abfallen. Danach halst man wieder und luvt zum sicheren Aufschießer an. Dieses Manöver ist aber nur bei leichteren Winden anzuraten.

Der bekannte Fachbuchautor und Sportdozent Roland Denk hat die zur Zeit gängigsten Methoden aufgezeichnet. Manöver mit *Kuhwende*: Segelt man auf ‹Am-Wind-Kurs› und verliert einen Mann, so fällt man wieder auf Halbwind- bis Raumschotkurs ab und luvt nach drei bis vier Bootslängen zum Kuhwenden an. Danach fällt man wieder so weit ab, bis man bequem mit halbem Wind zum Aufschießen kommt.

Wichtig ist bei allen Manövern, daß die letzte Strecke zum Überbordgegangenen mit einem ‹Nahezu›-Aufschießer gefahren wird. Man geht also nicht ganz hoch an den Wind heran, sondern läßt bei ‹Nahezu›-am-Wind die Segel killen und gleitet so auf den Punkt im Wasser zu. Merkt man plötzlich, daß der Aufschießer nicht zum Herankommen an den Mann reicht, kann man noch einmal kurz die Segel dichtnehmen und braucht nicht neu zum Manöver anzusetzen.

Ein Manöver ‹Mann-über-Bord› soll so durchgeführt werden, daß die Jolle oder Jacht direkt neben dem im Wasser Liegenden zum Stehen kommt. Die Segelschulen verwenden deshalb ihr Hauptaugenmerk auf das richtige Erlernen dieses Manövers. An welcher Seite und wie soll nun der Mann oder die Frau ins Boot zurückgeholt werden? – Die Verfechter der Methode in *Lee*, also im Wind- und Wellenschatten des Bootes, meinen, daß der zu Rettende dort am ruhigsten und ohne Wasserschlucken geborgen werden kann. Diejenigen, die für *Luv* plädieren, meinen, daß die Segel in Lee ein gutes Gegengewicht für denjenigen sind, der den Unglücklichen aus dem Wasser ziehen muß und natürlich sein eigenes Gewicht und das des zu Rettenden in Luv besser und sicherer einsetzt. Auch das Darübertreiben des Jachtrumpfes beim Leebergen finden die Luvberger zu gefährlich.

Das Bergen *am Heck* hat sich zumindest bei Jollen als keine schlechte Maßnahme erwiesen. Hier sind die geringsten Freibordhöhen und oftmals auch die geringsten Turbulenzen. Erschwerend in allen Fällen kommt hinzu, daß die See nicht ruhig ist, sondern Boot und Besatzung auf und nieder tanzen läßt.

Früher herrschte die Meinung vor, daß man den zu Rettenden nicht mit dem Rücken über die Bootskante ziehen soll. Der Segellehrer Anton Bäurle hat, zusammen mit Roland Denk, eine neue Methode entwickelt. Der Ablauf der Fotoserie auf Seite 87 zeigt eindeutig die Vorzüge dieser Rettungsart. Im Sommer wurden bei Welle und Wind auf der Ostsee Versuche mit der Bäurle-Methode gemacht. Was auf den Fotos als Flachwasseraktion schon leicht erscheint, wurde bei Wind und Welle durch Schaukelbewegungen im Seegang noch leichter und schneller. Die Welle hilft nämlich durch ständiges Unterstützen der Schaukelbewegung in Längsachse der Jolle beim Herausheben des Seglers aus dem Wasser. Der Retter dreht den zu Rettenden so, daß dieser mit dem Rücken zur Bordwand zeigt, und greift dann unter dessen Achselhöhlen. Die Füße des Retters stehen dabei so nah an der Bordwand, wie dies die Bauweise der Jolle zuläßt. Bei Jollen mit verhältnismäßig hoher Bordwand oder (und) wenn der Retter ziemlich groß ist, kann an Stelle des Achselgriffes der Verunglückte an beiden Handgelenken gefaßt werden. Sobald der Retter den zu Rettenden gut ‹im Griff› hat, hebt er ihn zunächst leicht an.

Nun folgt ein kleiner, aber sehr wichtiger Trick: Bevor der Retter versucht, den Verunglückten an Bord zu ziehen, läßt er diesen nochmals ein Stück ins Wasser ‹zurückplumpsen›. Bei diesem Vorgang vergrößert sich der Antrieb wesentlich, besonders dann, wenn der zu Rettende eine Schwimmweste trägt. Dieses (Beinahe-)Untertauchen bewirkt, daß der zu Bergende im nächsten Augenblick eine deutliche Tendenz zeigt, ein Stück aus dem Wasser ‹hochzuschießen›. Im Moment dieses erhöhten Auftriebs setzt der Retter den Zug unter den Achseln (oder an den Handgelenken) kräftig an. Jetzt wird es ihm gelingen, den Verunglückten mit einem Schwung so hoch zu bringen, daß dieser mit dem Gesäß auf dem Schandeck abgesetzt werden kann.

Mann(Boje)-über-Bord-Manöver

Verschiedene Methoden des «Mann(Boje)-über-Bord-Manövers» mit Kuhwende aus Amwindkurs

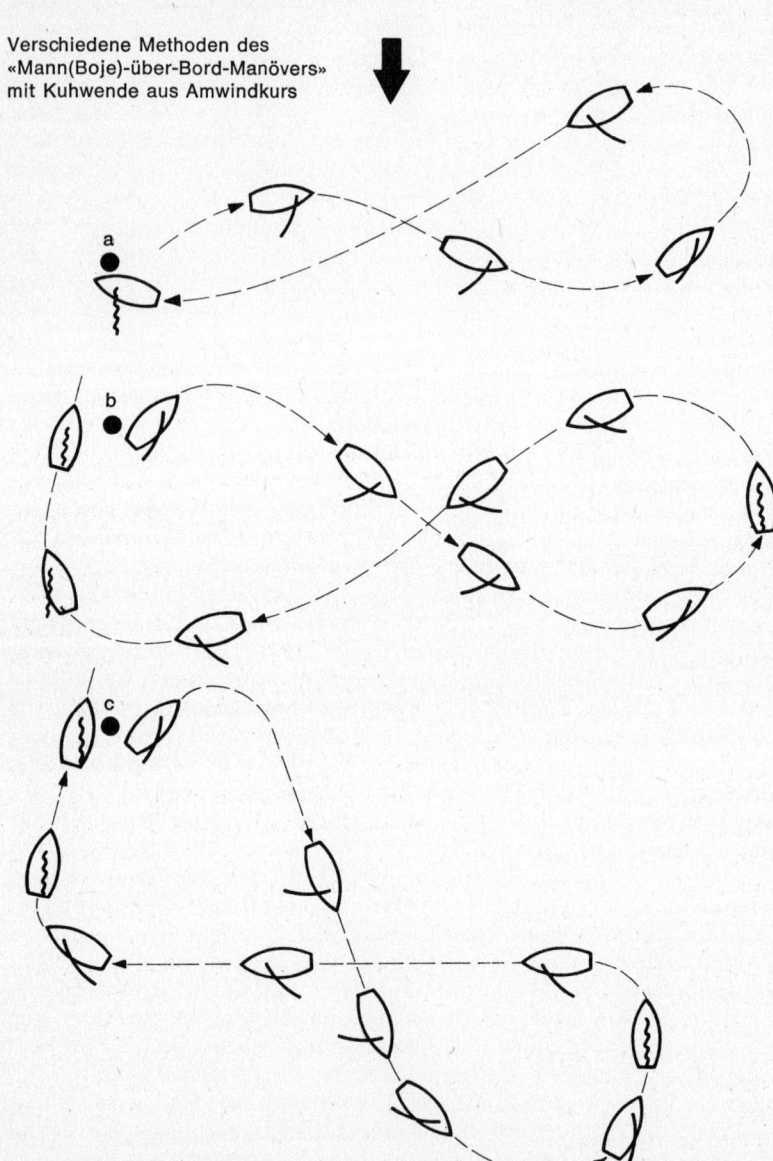

a: «Methode Schult»:

abfallen auf Halbwindkurs —
wenden —
abfallen auf Halbwindkurs —
bremsen aus Halbwindkurs
ohne Aufschießer

b: «Methode Denk»:

abfallen auf einem Kurs zwischen
Halbwindkurs und Raumschotskurs —
wenden —
abfallen auf einen Kurs zwischen
Halbwindkurs und Raumschotskurs —
Nahezuaufschießer
Kompromiß zwischen den Methoden
a und b, aber mit «Nahezuaufschießer»

c: «Methode Overschmidt»:

abfallen auf Raumschotskurs —
wenden —
abfallen auf Halbwindkurs —
Nahezuaufschießer

Der Krafteinsatz wird ökonomischer, wenn der Retter möglichst tief in die Hocke geht und dann durch Strecken der Beine (Einsatz der kräftigen Beinmuskulatur!) den Zug der Arme wirkungsvoll unterstützt. Leider sind diesem ‹In-die-Knie-Gehen› durch die Bauart des Bootes gewisse Grenzen gesetzt. Sitzt der zu Rettende erst einmal auf dem Schandeck, so bereitet es keinerlei Schwierigkeiten mehr, ihn vorsichtig ins Cockpit gleiten zu lassen. Gelingt es trotz aller Mühen nicht, den erschöpft im Wasser Liegenden zu bergen, dann muß man sich schnellstens anders behelfen. Besonders in der kälteren Jahreszeit hat nämlich ein Mensch im Wasser nicht viel Zeit zum Überleben, etwa wenn die Wassertemperaturen um 0 bis +5 Grad liegen. Ist der Schwimmende aber segelgerecht angezogen mit Naßanzug (Taucheranzug) und entsprechenden Segelschuhen, dann ist der Zeitfaktor nicht so gravierend. Die erforderliche Maßnahme ist jedenfalls ein Anbinden des zu Rettenden an das Boot. Dazu legen wir ihm einen Palstek unter die Arme und belegen das freie Ende am Reitbalken. Jetzt nehmen wir das Großsegel herunter und lassen die Fock killen. Liegt das Schiff ruhig, dann bugsieren wir ihn nach hinten an das Heck der Jolle und ziehen ihn von Hand oder mit der Großschot ins Schiff zurück. Auch eine kleine Trittschlaufe am Heck kann den entscheidenden Schritt nach oben begünstigen.

Hat man sich zum Einhieven mit der Großschot entschieden, dann braucht man nicht gleich die ganze Schot auszuscheren, sondern man nimmt sie lediglich aus dem Fußblock und zieht mit einem der festen Enden, die zwischen den Großschotblöcken vom Plichtboden zum Baum geht. Das ist eine schnelle und wirkungsvolle Methode, die in den meisten Fällen ohne großen Kraft- und Zeitaufwand anzuwenden ist.

Zeigen sich bei dem zurückgeholten Mitsegler schüttelfrostähnliche Erscheinungen, dann muß er sofort an Land gebracht werden und in ärztliche Behandlung kommen. Falsch ist ein Weitersegeln in der Hoffnung, er würde sich durch die intensive Bordarbeit warmmachen und wieder erholen.

Mann über Bord
Das *Wieder-an-Bord-Nehmen* eines Mitseglers, der mit eigener Kraft nicht mehr ins Schiff zurückkommt.
Hier die Methode des Segellehrers Anton Bäurle
(Fotos: Roland Denk).

Die Jolle soll neben dem Verunglückten beigedreht werden. Die Luvlage des Ruderblattes kann dabei ohne Schwierigkeiten mit Hilfe eines Bändsels oder Gummistropps fixiert werden.
Das Hochhieven ist grundsätzlich auf der Luvseite der Jolle möglich und empfehlenswert. Selbst bei schwächerem Wind kann Hochziehen in Luv ohne Kentergefahr durchgeführt werden. Die hier beschriebene Technik des An-Bord-Nehmens kann prinzipiell auch bei einer Bergung über das Heck angewendet werden, besonders dann, wenn man vom Cockpit aus nah an die Innenseite des Spiegels herantreten kann. Die Ruderanlage wirkt dabei allerdings etwas störend.
1. Der Retter dreht den zu Rettenden so, daß dieser mit dem Rücken zur Bordwand zeigt und greift dann unter die Achselhöhlen des Verunglückten (siehe Bild 1). Die Füße des Retters stehen dabei so nah an der Bordwand, wie dies die Bauweise der Jolle zuläßt. Bei Jollen mit verhältnismäßig hoher Bordwand oder (und) wenn der Retter ziemlich groß ist, kann an Stelle des Achselgriffes der Verunglückte an beiden Handgelenken gefaßt werden.
2. Sobald der Retter den zu Rettenden gut ‹im Griff› hat, hebt er ihn zunächst leicht an, wie dies im Bild 1 zu sehen ist. Nun folgt ein kleiner, aber sehr wichtiger Trick: Bevor der Retter versucht, den Verunglückten an Bord zu ziehen, läßt er diesen nochmals ein Stück

«Mann über Bord»

ins Wasser ‹zurückplumpsen›, natürlich ohne dabei den Griff zu lösen (siehe Bilder 1 und 2). Bei diesem Vorgang vergrößert sich der Auftrieb ganz wesentlich, besonders dann, wenn der zu Rettende eine Schwimmweste trägt. Dieses (Beinahe-)Untertauchen bewirkt, daß der zu Bergende im nächsten Moment eine deutliche Tendenz zeigt, ein Stück aus dem Wasser ‹hochzuschießen›.

3. Im Moment dieses erhöhten Auftriebs setzt der Retter den Zug unter den Achseln (oder bei Handgelenksfassung an den Handgelenken) kräftig an, und es wird ihm gelingen, den Verunglückten mit einem Schwung so hoch zu bringen, daß dieser mit dem Gesäß auf dem Schandeck abgesetzt werden kann (siehe Bilder 2 bis 4). Der Krafteinsatz wird ökonomischer, wenn der Retter möglichst tief in die Hocke geht und dann durch Strecken der Beine (Einsatz der kräftigen Beinmuskulatur!) den Zug der Arme wirkungsvoll unterstützt.

4. Sitzt der zu Rettende erst einmal auf dem Schandeck, so bereitet es keinerlei Schwierigkeiten mehr, ihn vorsichtig ins Cockpit gleiten zu lassen. Die gleiche Methode noch einmal bei einer Rundspant-Jolle, die noch etwas unruhiger im Wasser liegt als der Knickspanter ‹Pirat›.

Die Kenterung

Am Anfang des Buches sprachen wir von der Tatsache, daß Jollen kentern können. Meistens sind plötzlich auffrischende oder böig einfallende Winde die Ursache, und dann geht eigentlich alles sehr schnell. Eine Welle kann die Gefahr des Kenterns noch erhöhen, wenn das Boot zu geigen (rollen) beginnt und man es nicht mehr unter Kontrolle bringen kann. Ist der kritische Punkt der Krängung erst einmal überschritten, dann nützt nämlich auch das geschickteste Turnen auf der hohen Kante nichts mehr. Auf jeden Fall sollte jeder Mitsegler darauf achten, daß er frei von Takelage und Segeln ins Wasser fallen kann. Fällt jemand in das Segel, begünstigt er ein schnelles Durchkentern.

Geübte Segler steigen noch während des Umschlagens der Jolle auf das Schwert und stellen ihr Schiff sofort wieder aufrecht. Gelingt das nicht mehr, dann muß einer der Mitsegler – oder bei Einhandjollen der Skipper – schnellstens auf das Schwert steigen oder sich wenigstens daranhängen. Auf diese Weise bekommt man den Mast schnell wieder über Wasser, und die Plicht läuft nicht zu voll.

Im allgemeinen bewirken die Auftriebskörper, die unter der Sitzducht am Seitendeck angebracht sind, ein sofortiges Aufschwimmen des gesamten Rumpfes. Fest eingebaute Auftriebstanks sind dabei natürlich von Vorteil.

Auch für das Kentern gelten einige Grundsätze. Die Hauptregeln sind eindeutig:

- Entfernen vom Schiff ist absolut falsch.
- Ist man gekentert, schaut man als erstes nach den Mitseglern.
- Ist einer unter das Segel gekommen, muß ihm sofort geholfen werden.
- Selbstbefreiung ist in den meisten Fällen die Vorstufe zum Ertrinken.
- Ist jeder am Schiff gesehen worden, kann man mit dem Aufrichten beginnen und die treibenden Ausrüstungsgegenstände der Jolle einsammeln.
- Weites Entfernen ist ebenso falsch wie kraftraubende Kraulstöße hinter wegtreibenden Gegenständen.
- Wer seine Gebrauchsartikel in der Jolle nicht sichert, wird immer Einbußen erleiden.

Der Mitsegler schwimmt im Aufrichterprozeß zum Bug und hält sich dort fest. Er wirkt dort wie ein Treibanker und verhindert das In-den-Wind-Gehen der Jolle. Ist das gekenterte Schiff mit dem Bug in den Wind gedreht, dann beginnt der auf dem Schwert Stehende oder Daranhängende mit dem Hochdrücken. Zunächst zieht er das Schwert ganz aus dem Schwertschlitz heraus, drückt es herunter, steigt nach Möglichkeit mit Schwung darauf und greift dann an den oberen Plichtrand.

Die Kenterung

Droht ein Durchkentern, dann schwimmt der zweite Mann zum Mast und drückt ihn aus dem Wasser hoch. Dabei hilft der Wind mit; denn er faßt sofort unter das kleinste Stückchen Segel, das aus dem Wasser ragt. Richtet sich die Jolle noch immer nicht auf, dann greift man die Großschot und zieht diese auf dem Schwert stehend mit dem Rücken zum Wasser. Das eigene Körpergewicht wird dabei bis an die Grenze des Möglichen nach hinten verlagert.

Kommt es zur schnellen Aufrichtung, die sich meistens ebenso ruckartig wie das Kentern vollzieht, dann muß der auf dem Schwert Stehende sofort mit der Drehbewegung in das Schiff zurücksteigen. Der Vorschoter bleibt noch am Bug im Wasser, sichert das Boot gegen neuerliches Kentern und hält es gegen den Wind, während der andere schnell das Wasser ausschöpft.

Ist man durchgekentert, heißt es Ruhe bewahren und die Kräfte richtig einsetzen. Ist der Aluminiummast nicht ausgeschäumt und hat er keinen Eigenauftrieb, dann ist meistens mit Selbsthilfe nichts mehr zu machen. Die Bemühungen sollten einzig darauf gerichtet sein, Hilfe herbeizuwinken. Jede unkontrollierte, hektische Betriebsamkeit kostet wertvolle Kraft und führt bald zu einem Zustand der völligen Erschöpfung. Sparen sollte man seine Energiereserven für die Rettungsaktion.

Wie wichtig gerade das Kenternüben ist, wird jeder einsehen, der einmal vergeblich versucht hat, sein Schiff wieder flott zu bekommen. Die richtige Schwimmweste und ein selbsttätig aufgehender Auftriebskörper im Masttopp sind kein unerschwinglicher Luxus, sondern lebenswichtige Utensilien. Tritt man einmal zu einer Regatta an, dann wird der Veranstalter gerade diese Zubehörteile bei jedem Teilnehmer überprüfen.

Die Kenterung

Das Boot kentert in einer Bö

Der Vorschoter hängt am Bug, der Steuermann steigt auf das Schwert

Der Steuermann schwingt sich in das sich wiederaufrichtende Boot; der Vorschoter hängt noch an der Luvwant

Das Schleppen

Auch wenn ein Segler sein Schiff noch so gut mit dem Paddel vorwärts bewegen kann, wird er einmal in die Lage kommen, sich abschleppen lassen zu müssen. Das muß nicht immer auf offenem Revier bei Flaute sein, sondern kann auch nach einem Mastbruch oder nach einer Kenterung wichtig werden.

Jede Jolle hat Beschläge am Vorschiff, die normalen Belastungen in fast jedem Fall standhalten. Bei ruckartigem Anziehen des Schleppschiffes können sie jedoch ausreißen. Deshalb sollten Jollen die Schleppleine immer *am Mast* befestigen, am besten mit zwei Rundtörns und einem Slipstek darauf. So kann man ohne große Aufknoterei von der Schleppleine freikommen.

Läßt man sich bei Flaute von einem Motorboot in den Hafen ziehen, dann sollte das Schleppseil durch eine lose Schlaufe am Vorstag oder Vorsteven-Beschlag beigebändselt werden; ein Ausbrechen wird dadurch weitgehend verhindert. Es wird also, genauer gesagt, in Zugrichtung nachgezogen.

Nimmt man mit mehreren Jollen an einem sogenannten *Schleppzug* teil, dann liegen manchmal bis zu zwölf Schiffe an einer vom Motorboot ausgebrachten Schleppleine. In diesem Fall macht man sich mit einem

Stopperstek an der dicken Schwimmleine des Schleppfahrzeuges fest und beläßt es allein bei der Mastbefestigung der eigenen nicht zu langen Trosse. Dadurch können alle geschleppten Jollen zur Seite hin ausscheren oder auch dem Vordermann ausweichen. Auf Schleppfahrten mit mehreren Fahrzeugen steuert man bei der notwendig werdenden Verringerung der Fahrtgeschwindigkeit leicht nach außen. Dadurch bleiben die eigene und die Motorschiff-Schleppleine stramm, und die Gefahr einer Kollision wird reduziert. Auch wenn das schleppende Fahrzeug nur die Leine des ersten Segelfahrzeuges annimmt und jeder immer die eigene Vorleine zum Vorausfahrenden weitergibt, bleibt es bei der Befestigung am Mast und seitlichem Ausscheren bei Kollisonsgefahr.

Wird *nach einer Kenterung* ein noch halbvolles Schwertboot abgeschleppt, dann müssen das Schwert hochgezogen und die Segel abgeschlagen oder wenigstens festgebändselt sein. Die knapp bootslange Schlepptrosse muß wiederum um den Mast befestigt und am Vorstag beigebändselt werden. So liegt der Bug beim Schleppen genügend hoch aus dem Wasser, und ein Unterschneiden des Vorschiffes wird vermieden. Außerdem kann so das noch in der Jolle verbliebene Wasser durch Lenzer- und Spiegelöffnungen abfließen.

Aus allem ergibt sich wie selbstverständlich die Forderung: Habe immer eine kräftige Schleppleine an Bord, die mindestens eine Länge von 12 bis 20 Metern hat und so beschaffen ist, daß unter Umständen noch

Motorboot-Schlepp

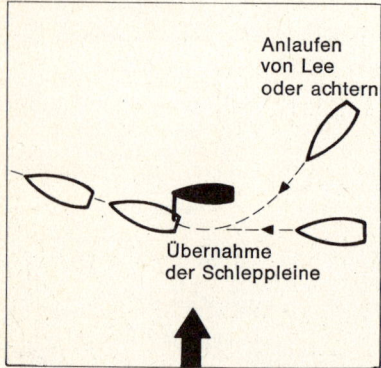

Jedes Boot geht von Lee an das nächste Fahrzeug heran

Segeljachten im Schleppzug auf Lücke gestaffelt (Verminderung der Kollisionsgefahr)

andere hinter einem im Schlepp hängen können, ohne daß die eigene Trosse bricht.

Für *Kieljachten* stellt sich die Frage der Schlepphilfe selten, weil sie ja meistens durch Außen- oder Innenborder motorisiert sind. Eines müssen Kiel- und Schwertbooteigner jedoch gleichermaßen wissen: Wird man von einem Fahrzeug abgeschleppt oder von einer Untiefe abgeborgen, reicht man seine eigene Trosse hinüber. Ist keine in der Länge ausreichende Trosse an Bord, muß man den Helfer nach den Kosten fragen, die er für die Hilfe verlangt. Versichert dieser mündlich eine kostenfreie Hilfe oder ein akzeptables Salär, dann gilt dieses nach dem Gesetz als Vertrag. Vergißt man diese Formalitäten, dann muß man mit bis zu 50 Prozent Bergelohn des Schiffswertes oder hohen Schleppkosten rechnen.

Das Ankern

Was für Jollensegler im Grunde eine Nebensächlichkeit ist, wird für die Kieljachtsegler häufig zur Notwendigkeit, nämlich das Ankern. In Binnen- und Seegewässern darf man an den Stellen, die ausdrücklich verboten sind, in keinem Fall ankern. Erkennen kann man dieses Verbot an einer Ausschilderung. Dieses *Verbotsschild* ist reckteckig mit rotem Rand und roter Durchstreichung des auf dem Kopf stehenden Ankers.

Zum Ankern sollte man sich nach Möglichkeit einen guten *Ankergrund* suchen. Am günstigsten ist Sandboden, schlechter hält der Anker in Steinen, schlammigen oder bewachsenen Meeresböden. Auch die Wassertiefe muß genau beachtet werden. Eine Jolle kann im Flachwasser ankern, muß aber mit Wellenhöhe und Tide rechnen. Eine Kieljacht sollte die Grundformation nach Möglichkeit genau ausloten und nicht an einer Abböschung unter Wasser vor Anker gehen. – Das ist leichter gesagt als getan. Nicht immer läßt sich auf einem Echolot ein Abfallen der Meeresböden klar erkennen. Deshalb gilt die Regel: Erst eine geraume Zeit warten, bis der Anker richtig festkommt, und dann von Bord oder unter Deck gehen.

Auf andere Ankerlieger müssen alle Jachteigner achten. Dreht der Wind, drehen sich auch die Boote mit. Es muß also von vornherein so viel Raum zwischen ihnen sein, daß es nie zu einer Kollision kommen oder sich gar der Anker um das Grundgeschirr einer anderen Jacht wickeln kann. Bei Seegang sollte an einer geschützten Bucht geankert werden, um ein Ausreißen des Ankers aus dem Grund zu vermeiden.

Jeder Anker sollte eine Kette als sogenannten Vorläufer haben; die Kettenlänge wird je nach Schiffsgröße bemessen. Das eigentliche *Ankerfall* hat eine Länge von 20 bis 25 Metern. Je nach Wassertiefe wird an Ort und Stelle die Ankerleinenlänge ausgebracht, die dem 3- bis 6fachen der Wassertiefe entspricht.

Ankerarten

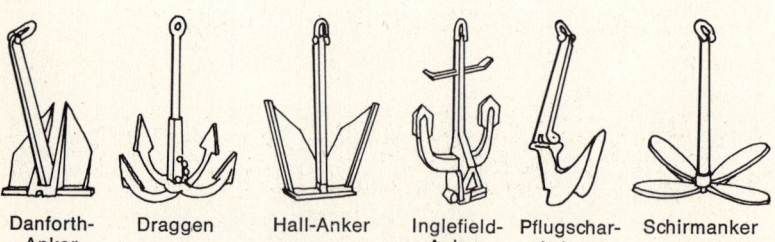

Danforth-Anker Draggen Hall-Anker Inglefield-Anker Pflugschar-Anker Schirmanker

Ankermanöver

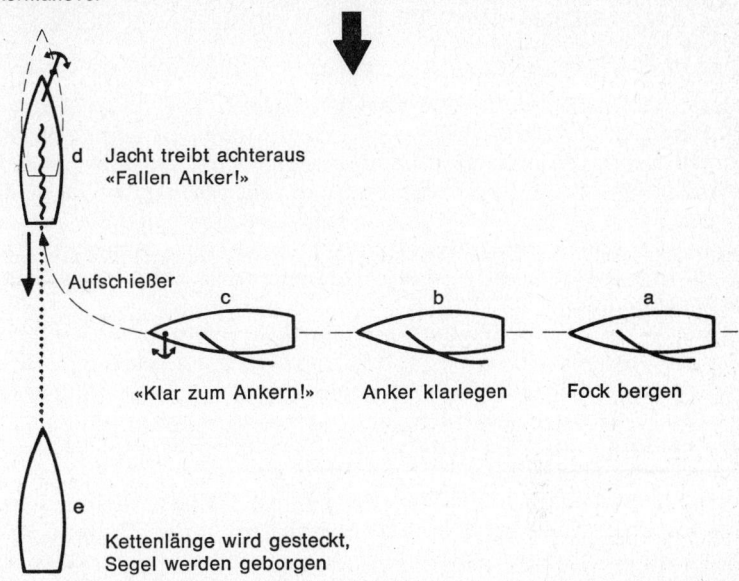

Ankertrosse oder -kette

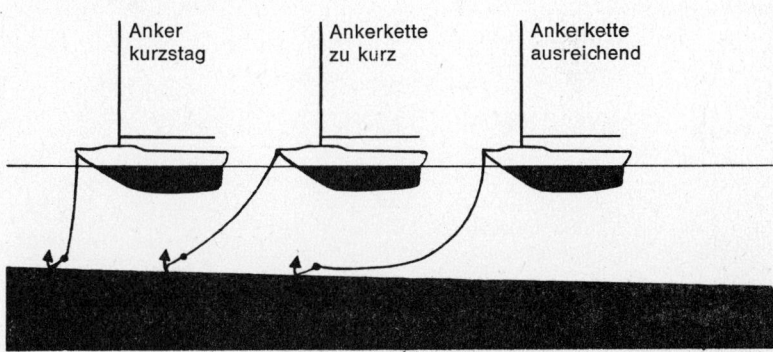

Die Gesamtlänge von Trosse und Kettenvorlauf soll mindestens dem 3- bis 6-fachen (bis 10fachen) der geloteten Wassertiefe entsprechen.

Liegt die Jacht sicher vor Anker, müssen die Besegelung aufgetucht und der *Ankerball* zum sichtbaren Zeichen für andere am Vorstag oder unter der Saling gesetzt werden. Leiten wir ein *Ankermanöver* ein, wird als erstes das Vorsegel weggenommen; dadurch erhält man unbehinderte Arbeitsfläche auf dem Vorschiffsbereich. Die Ankerkette wird bereitgelegt und die Verbindung zwischen Ankerleine und Kette überprüft. Auf das Kommando vom Steuermann wirft man nicht etwa den Anker samt Kette über Bord, sondern läßt ihn langsam nach dem Aufschießer auf den Grund gleiten. Erst dann gibt man die volle Länge der gewünschten und notwendigen Ankerleine frei. – Man merkt schon nach wenigen Minuten, ob der Anker im Grund richtig eingegraben ist und gefaßt hat.

Je nach Wellen und Wetter kann zur Sicherheit ein zweiter Anker ausgebracht werden. Für eine Jolle eignet sich am besten ein kleiner Klappanker, der im Bereich der Längsachse unter Deck oder auf dem Boden festgelascht sein sollte. In den meisten Fällen erübrigt sich bei diesen Booten auch die Kette, so daß der Anker direkt an die Ankerleine gesteckt werden kann.

Auch beim *Ankerlichten* (Wiederhochnehmen) sind bestimmte Regeln zu beachten. Zunächst überzeugt man sich, ob noch genügend Raum auf der Leeseite zur nächsten Jacht vorhanden ist. Man benötigt nämlich zum Fahrtaufnehmen etwas Raum zum Abfallen. Ist der Wind stark auflandig und droht ein schnelles Zutreiben auf die Küste, dann muß besonders sorgfältig kurzstag abgelegt werden (wenig Länge oder Ankertrosse). Jachten mit Außenborder oder Motor sollten dann unter Maschine ein Stück auf das offene Wasser hinauslaufen und erst dort die Segel setzen.

Ankerlichten

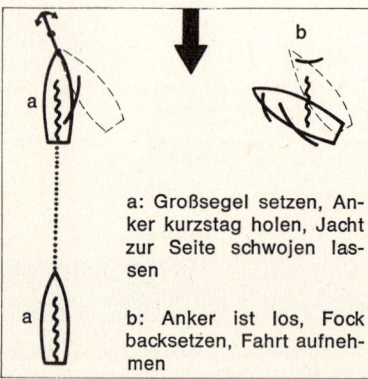

a: Großsegel setzen, Anker kurzstag holen, Jacht zur Seite schwojen lassen

b: Anker ist los, Fock backsetzen, Fahrt aufnehmen

Der Normalfall sieht beim Ablegen vom Ankerplatz als erstes das Segelsetzen vor. Die Fock wird, soweit eine Rollvorrichtung an Bord ist, eingerollt gehalten und erst beim Loskommen des Ankers wieder ausgerollt oder gesetzt. Wetterbedingt schwerfällig erscheinende Manöver müssen, durch Backhalten von Fock oder Großsegel unterstützt, beschleunigt werden.

Bevor man den Anker ins Schiff zurücklegt, sollte man ihn gründlich durch Auf- und Abbewegen im Wasser reinigen. Schlamm- und Tonerdereste an den Flunken beschmutzen sonst Schiff und gestaute Segel. Angetrockneter Dreck am Anker läßt sich zudem nur schwer vom Metall entfernen.

Will der Anker trotz größter Kraftanstrengung nicht aus dem Grund ausbrechen, dann kann eine Jacht ihn mit Motorkraft aus dem Grund reißen. Dabei muß man äußerst vorsichtig zuwege gehen; der Verlust eines Ankers durch Brechen des Ankerfalls ist nämlich eine teure Sache. Im allgemeinen fährt man langsam ‹voraus› über die kurzstag stehende Trosse des Ankers und nimmt diese nach dem Gaswegnehmen kürzer und kürzer. Dadurch drückt das eigene Schiff durch die nickenden Bewegungen im Vorschiffsbereich auf die Ankerleine und zieht langsam den fest eingegrabenen Flunken aus dem Grund. Hat sich der Anker im Geröll verfangen, dann bekommt man ihn in 90 von 100 Fällen nicht mehr hoch. Irgendwann reißt das Ankerfall und gibt mit einem Ruck die Jacht frei. Auch darauf muß man mit Segel und Ruder jederzeit gefaßt sein.

Dickschiff unter Spi

Spinnaker-Segeln

Nach einer bestimmten Zeit des Trainings ist man so weit mit dem Schiff vertraut, daß man sich an das Segeln mit Spinnaker heranwagt. Diese großen und leichten Ballonsegel haben jedoch ihre Tücken. Steht ein Spinnaker voll am Mast, bleibt er nicht etwa ruhig im Kraftfluß von Fahrt- und Schubwind stehen, sondern er versucht, nach allen Seiten auszubrechen. Deshalb muß eine Crew ihren Vorwind-Kurs mit *Spi* immer wieder neu einstellen.

Kaum eine andere Segelart auf Jachten und Jollen erfordert so viel Übung wie das Spinnakern. Die Erfahrung spielt natürlich auch hier eine wesentliche Rolle. Doch hat man sich erst einmal auf die Eigenarten des Hochfliegers eingestellt, dann macht das Segeln mit ihm ungemein großen Spaß.

Beginnen wir mit dem Spinnaker-Tuch. Es ist vergleichbar mit feiner Seide und leicht gerippt. Die Farbpalette ist weit gefaßt und läßt viele Farbkombinationen zu, Kopf und Ohren sind farblich vom Grundkonzept des Spinnakers abgesetzt. Das hat den Vorteil, daß man den *Spi* nicht falsch herum setzen kann. Man will ja schließlich die Segelnummer zeigen und diese nicht nach innen in die eigene Plicht gerichtet sehen. So ist die Backbordfarbe des ‹Spi-Ohrs› rot und die auf Steuerbord grün; das Kopfbrett (Doppelung) ist meistens gelb.

Hat man nun so einen rutschigen Haufen Tuch vor sich auf Deck oder im Schiff, dann kann man beim Klarlegen schon einmal die drei Ecken richtig hinlegen. Rennsegler haben verschiedene Methoden des Zurechtlegens und Setzens. Einige greifen die beiden Ohren und das Kopfbrett und legen das übrige Tuch in den Spinnaker-Eimer oder in einen anderen speziell dafür hergerichteten Behälter. Ist das Tuch richtig und unverdreht (vertörnt) eingelegt, dann schauen nur noch die drei Punkte aus dem Behälter heraus, an denen das Spinnaker-Fall und die beiden Enden der Spinnaker-Schot befestigt werden sollen. Mit dem Spinnaker-Fall wird der *Spi* später hochgezogen; hier kann man einen schnellen Schot-Schnappschäkel anbauen. Die Befestigung der Spinnaker-Schoten an den beiden Ohren ist damit jedoch nicht ratsam. Schlägt ein Spinnaker einmal im Wind, kann ein Schäkel den Decksmann auf dem Vorschiff oder auch in der Plicht am Kopf treffen. Deshalb sollte man die Schoten mit einem Palstek befestigen. Der geht nicht nur schnell wieder auf, sondern verhindert auch ein Festklemmen an irgendeinem Teil des Vorschiffsbereichs.

Manche Segler auf größeren Jachten setzen ihre Spinnaker grundsätzlich hinter die stehende Genua, um ein vorzeitiges Füllen der Tuchfläche mit zuviel Wind zu vermeiden. Andere bändseln den *Spi* als lange Wurst von oben bis über die Mitte mit Reißgarn fest und bereiten die

beiden Ohrenseiten getrennt auf die gleiche Weise vor. Der ganze Segelstrang wird dann gesetzt und durch einen kräftigen, ruckartigen Zug auf die Leepart der Spi-Schot zum Zerreißen der kleinen Bändsel um das Spi-Tuch gebracht; das Segel öffnet sich dann wie von Geisterhand. – Die Methode mit der *Spinnaker-Tüte* ist ebenfalls gebräuchlich. Hier steckt man den ganzen *Spi* in eine Papiertüte (o. ä.) und setzt diese in richtiger Höhe an den Mast. Durch das Reißen an den Schoten platzt die Tüte und gibt das Tuch dem Wind preis.

Als modernste Art des Setzens muß noch der *Spinnaker-Strumpf* genannt werden. In eine schlauchartige lange Hülle wird der Spinnaker hineingezogen und am Spi-Fall befestigt. Alles wird wiederum zusammengesetzt, und durch Hochziehen der Hülle kommt der *Spi* sauber frei und fliegt aus.

Auf Jollen und kleineren Kieljachten fährt man mit Vorliebe eine sogenannte *Spinnaker-Trompete*. Spinnaker-Trompete deshalb, weil die Form dieses Kunststoff-Fertigteils wie das Mundstück eines solchen Blasinstruments aussieht. Die trichterartige Aufbiegung wird mit ca. einem Meter Führungsrohr fest in das Vordeck eingebaut und nach hinten – meistens bis in die Plicht – unter den Seitendecks mit Tuchschläuchen verlängert. In diese Trompete wird nun, sauber aufgetucht, der Spinnaker hineingezogen und im entscheidenden Augenblick mit allen Schoten darangesetzt.

Spinnakerführung

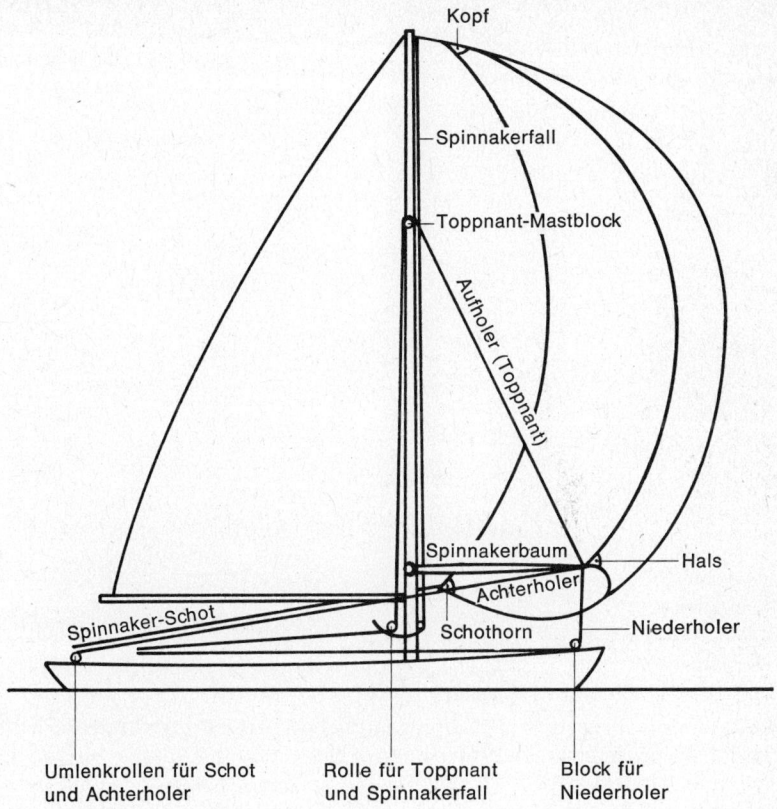

Es gibt auf diesem Gebiet wahre Künstler unter den Seglern. Entscheidende Sekunden an der Tonne lassen sich nur mit perfekten Manövern gewinnen. Perfektion hat jedoch keinen Einfluß auf Winddrehungen und andere Faktoren, die einem auf dem Vordeck das Leben mit dem *Spi* schwermachen können. Deshalb wird jetzt der ganze Ablauf des Spinnaker-Setzens beschrieben.

Vor dem Setzen des *Spi* führt man Schot und Achterholer nach hinten und achtet darauf, daß beide Parten außerhalb des Vorstags ansetzen. Der Rudergehende hält beide fest und belegt sie leicht. Der Vorschoter macht den Spinnaker-Baum klar und befestigt das Toppnant und den Spibaumniederholer an den dafür vorgesehenen Ösen. Jetzt heißt der Vorschoter mit dem Spi-Fall den Spinnaker am Mast vor. Die Leeschot

Regattasegeln unter Spinnaker

ist lose, und der erste Wind fällt ins Tuch. Das Luv-Ohr liegt ungefähr in Höhe des Mastes, und der Beschlag am Ende des Spi-Baumes wird über die Schot oder in den Drahtring am Spi-Hals geklinkt. Dann erst wandert das andere Ende mit seinem Einklingbeschlag an das Auge am Mast. Jetzt wird die Luvschot etwas angeholt und auch die Leepart reguliert. Nach geringfügigem Taumeln des Spinnakers sollte er nun voll stehen.

Je nach Erfahrungen mit Tuch und Schiff kann man den *Spi* hoch ausfliegen lassen oder auch mehr im Mittelbereich fahren. Ein zu dichtes Anziehen an das Schiff führt leicht zur ‹Eieruhr›, dem Umwickeln des Tuches um das Vorstag. Das ist dann auf dem Wasser nur selten zu beheben. Der Spinnaker-Baum muß im Winkel von 80 bis 90 Grad zum Mast und zur Windrichtung getrimmt werden.

Je nach Konstruktion und Schnitt des Spinnakers kann man auch ‹raume Kurse› bis zu einem gewissen Grad zum Wind mit dem herumgezogenen Spinnaker fahren. Die Mannschaft in der Jolle muß im Gewichtstrimm jedoch außerordentlich aufpassen, damit es nicht bei einer Bö zur Kenterung unter *Spi* kommt. Merken wir, daß der Wind in

Spinnaker bergen

Ein schlecht geborgener Spinnaker kann alle Siegeschancen zunichte machen.

die entgegengesetzte Richtung umschralt, muß der Baum geschiftet werden. Dann wird das Toppnant etwas gelöst, durch Zug auf die Ausklinkeinrichtung des Spi-Baumes die Luvschot freigesetzt und der Baum auf der entgegengesetzten Seite wieder eingepickt. Der Steuermann hält dabei stehend das Ruder zwischen den Beinen und fährt den günstigsten Kurs für die Arbeit des Vorschoters.

Das hört sich leichter an, als es tatsächlich ist. Aber hat man sich erst einmal auf die Eigenarten des Leichtsegels eingestellt, erkennt man seine Regungen zum Einfallen schon zeitig und kann entsprechend reagieren. Nach richtiger Schiftung oder Halsenmanövers sollte der Spinnaker jedenfalls sofort wieder voll stehen.

Will man bei Kurswechsel oder aufkommendem Starkwind den Spinnaker bergen (einholen), dann pickt man zuerst den Baum aus, fiert den Achterholer und holt das Tuch schnell ein. Man muß darauf achten, daß er richtig gestaut wird und nicht durch die nächste Bö in Teilen aufgeblasen und aus dem Behälter herausgezerrt wird. Anschließend wird, sofern noch Zeit dazu ist, der *Spi* für die nächsten Manöver wieder klargelegt.

Boot und Auto

Fahren mit Boot und Bootsanhänger

Bei Seglern der Jollen und kleineren Kielboot-Klassen gibt es Seßhafte und Nomaden, Regatta- und Touren-Fans. Alle Wasserfahrer sollten jedoch über den Umgang mit Bootsanhängern Bescheid wissen. Erfahrungsgemäß fährt nämlich fast jeder einmal mit dem trailerbaren Boot am Pkw in den Urlaub oder auf eine Regatta. Fahren mit Bootsanhängern sollte jedoch nicht erst auf den Straßen oder Autobahnen zur Gewohnheit werden; deshalb sollten auch ‹versiertere› Fahrer dieses Kapitel nicht überschlagen.

Beginnen wir mit der Beladung.

Der Deichseldruck darf nur etwa zehn Prozent des gesamten Bootsgewichts betragen. Um hier sicherzugehen, belädt man den Anhänger zunächst einmal zur Probe. Nimmt man an, daß die Jolle richtig in den Auflagen des Hängers liegt, denn hebt man am äußersten Ende der Deichsel an. Schon auf Grund der Kraftaufwendung bei gleichzeitigem Schaukeln um die Radachsen läßt sich feststellen, ob die Ladung bug- oder hecklastig ist. Bugstütze und Auflagenholme lassen sich dann verstellen, bis die nötige leichte Buglastigkeit erreicht ist. Der günstigste Punkt liegt in jedem Fall nur wenig vor dem absoluten Ladungsgleichgewicht.

Bei der Zuladung sollte das Gewicht immer nur über der Hängerachse gelagert und sorgfältig ausgetrimmt werden. Gerade die Mitnahmen vieler Gepäckstücke führt leicht zu Überladungen, und es ist nicht allein wegen der Polizeikontrollen wichtig, das zulässige Gesamtgewicht einzuhalten.

Beladung des Bootsanhängers

Ist die Ladung *hecklastig* verstaut, dann hebt sie auch das Heck des Pkw an und begünstigt das Schleudern. Die Antriebsräder werden nicht genügend belastet und können bei Bodenwellen durchdrehen. Bei *Buglastigkeit* drückt das Bootsgewicht die Vorderachse des Motorwagens hoch. Man fährt wie auf Schmierseife und kann bei Nässe von der Fahrbahn abkommen.

Natürlich kommt es bei diesen Faustregeln auch auf die hinteren Überhänge des Schleppfahrzeuges an. Trotz richtig getrimmter Ladung blenden alle Wagentypen – es sei denn, man hat eine härteverstellbare Hinterachsfederung – bei Fahrlicht die entgegenkommenden Autos. Schon wenig mehr Heckbelastung lassen nämlich die Scheinwerfer höher und weiter scheinen. Es ist also wichtig, die Autoleuchten vor dem Bootstransport einige Grade unter das sonst zulässige Limit stellen zu lassen.

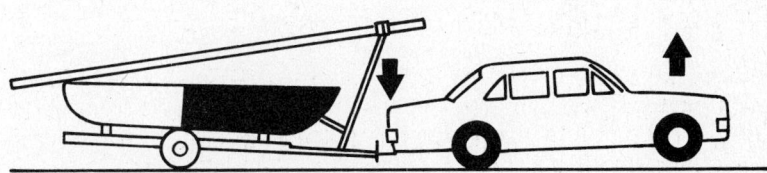

falsch beladener, vorlastiger Bootsanhänger

falsch beladener, achterlastiger Bootsanhänger

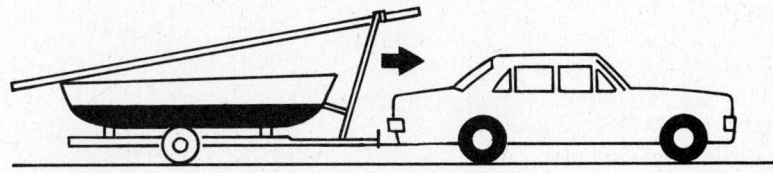

bei richtiger Gewichtsverteilung auf dem Hänger soll der Deichseldruck 10 Prozent des Gesamtgewichts betragen

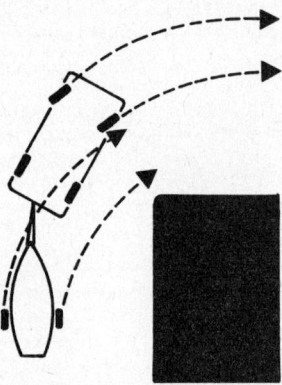

richtiges Einbiegen mit Auto und Bootsanhänger

Die heute gültige *Straßenverkehrsordnung* (§ 22 StVO) sagt folgendes: Ohne Rücksicht auf die Entfernung darf die Ladung über das Fahrzeug (gleichgültig ob Pkw oder Trailer) 1,50 m nach hinten hinausragen, im Bereich von 100 km sogar 3,00 m. Auf keinen Fall darf die Ladung über das Fahrzeug (beim Anhängertransport über das ziehende Fahrzeug) nach *vorn* hinausragen. Die überstehende Ladung ist bei Tag und bei

Nacht kenntlich zu machen. Bei Dämmerung oder Dunkelheit sind ein rotes Licht und ein roter Rückstrahler erforderlich. Keines der ‹Sicherungsmittel› darf über 1,50 m von der Fahrbahn angebracht werden; der Rückstrahler darf eine maximale Höhe von 0,90 m von der Fahrbahn nicht überschreiten.

Zusätzlich zu den Forderungen der Straßenverkehrsordnung bleibt einiges zu beachten. Im allgemeinen legt man den überbootslangen *Mast* oben auf das Schiff und läßt ihn nach vorn in Richtung Zugwagen überstehen. Ragt der Mast weit über unser Autodach hinaus, dann muß beim Durchfahren von tiefen Bodenwellen immer genügend Raum zwischen Mastende und Dachblech bleiben; sonst schlägt beim Einknicken zwischen Schleppfahrzeug und Anhänger der Mast auf das Autodach und wird selbst beschädigt. Die Ladung muß deshalb verkehrsgerecht am Anhänger festgezurrt sein. Die allseits im Handel angebotenen Spanngurte sind dafür eine geeignete Hilfe.

Fahrtechnisch ist folgendes zu beachten: Der Mast schwingt beim Kurvenfahren auf der Hängerladung weiter aus als der Zugwagen. Es ist oft passiert, daß ein Mast am Pfahl einer Straßenlaterne oder eines Verkehrsschildes einfädelte und abknickte. Diesem Umstand ist in jedem Falle Rechnung zu tragen.

Lichtkontrollen am Hänger müssen vor jeder Fahrt erfolgen. Durch die harten Stöße, die fortwährend durch den Stahlbau des Trailers gehen, werden auch die Beleuchtungselemente nicht gerade geschont. Die Glühlampen gehen schneller entzwei als beim Motorwagen. Es empfiehlt sich deshalb immer die Mitnahme von Ersatzlampen.

Auf der Fahrstrecke ist Starten, Fahren und Bremsen nach folgenden Regeln durchzuführen: Anfahren und Beschleunigen im kleinsten Gang, Durchschalten auf den nächst höheren Gang in zügiger, gleichmäßiger Manier. Die gesetzliche Fahrgeschwindigkeit von 80 km/h darf nicht überschritten werden, auch wenn die scheinbar mühelos rollende Bewegung höhere Werte zulassen. Häufiger als sonst muß man in den Rückspiegel schauen und beim Ausscheren auf den nachfolgenden Verkehr achten. Ebenso ist beim Wiedereinscheren zu berücksichtigen, daß genügend Abstand zu dem überholten Fahrzeug besteht.

Alle zwei Stunden sollte man anhalten, um die Befestigungsgurte und den Reifendruck zu prüfen. In Kurven, besonders auf Gefällestrecken, und auf regennasser Fahrbahn oder auf Kopfsteinpflaster darf man nie hart *bremsen*; sonst bricht das Gespann seitlich aus. Ein routinierter Hängerfahrer nutzt immer die äußerste rechte Fahrbahnhälfte, hält sich aber vom Bordstein frei. Auch auf geraden Strecken bremst man mit großer Vorsicht. Will man die großen Schubkräfte sicher abfangen, empfiehlt sich die Stotterbremsung, da sich sonst das Gespann leicht querstellt. Die Motorbremse oder die Auflaufbremse, zusammen mit der sinnvoll eingesetzten Fahrzeugbremse, sind ein sicheres Rezept für gutes Fahren.

Vorwärtsfahren macht bei der richtigen Kurventechnik kaum Schwierigkeiten; schwerer wird es bei *Rückwärtsfahrt* und beim Einparken. Das liegt nicht zuletzt daran, daß man das Lenkrad links einschlagen muß, um den Hänger nach rechts zu bewegen, und umgekehrt. Diese Manöver sollte man auf einer wenig befahrenen Straße oder einem Verkehrsübungsgelände üben. Schon kleine Unebenheiten drängen den Anhänger aus der geraden Laufbahn. Lenkt man leicht in die der Ausscherrichtung entgegengesetzte Richtung, dann kehrt das Gespann schnell in die gerade Laufrichtung zurück. Wird die Lenkung zu stark eingeschlagen, klappt das ganze Gespann an der Kupplung zusammen. Daraus ergibt sich die Regel: *keine starken Lenkausschläge*.

Besonders beim Einparken oder Rückwärts-Ausparken kommt es immer wieder zu diesem Zusammenklapp-Effekt; deshalb gilt hier folgende Regel: Das Gespann fährt parallel an den parkenden Autos vorbei und hält mit dem Anhänger direkt neben einem geparkten Pkw vor der gewünschten Parklücke. Dann fährt man mit langsamer Fahrt, entgegengesetzt zur Bordsteinseite einschlagend, rückwärts in die Parklücke. Im Rückspiegel erkennt man genau die Laufkurve des Anhängers. Langsam lenkt man jetzt in die entgegengesetzte Richtung. So kommen Hänger und Motorwagen in die gerade Position und fast parallel zum Bordstein. Ist genügend Platz nach hinten und vorn, richtet man das Gespann durch kurzes Vor- und Rückwärtsfahren gerade aus.

Einparken

Einparken mit dem Bootsanhänger
(Stellung der Vorderräder beachten)

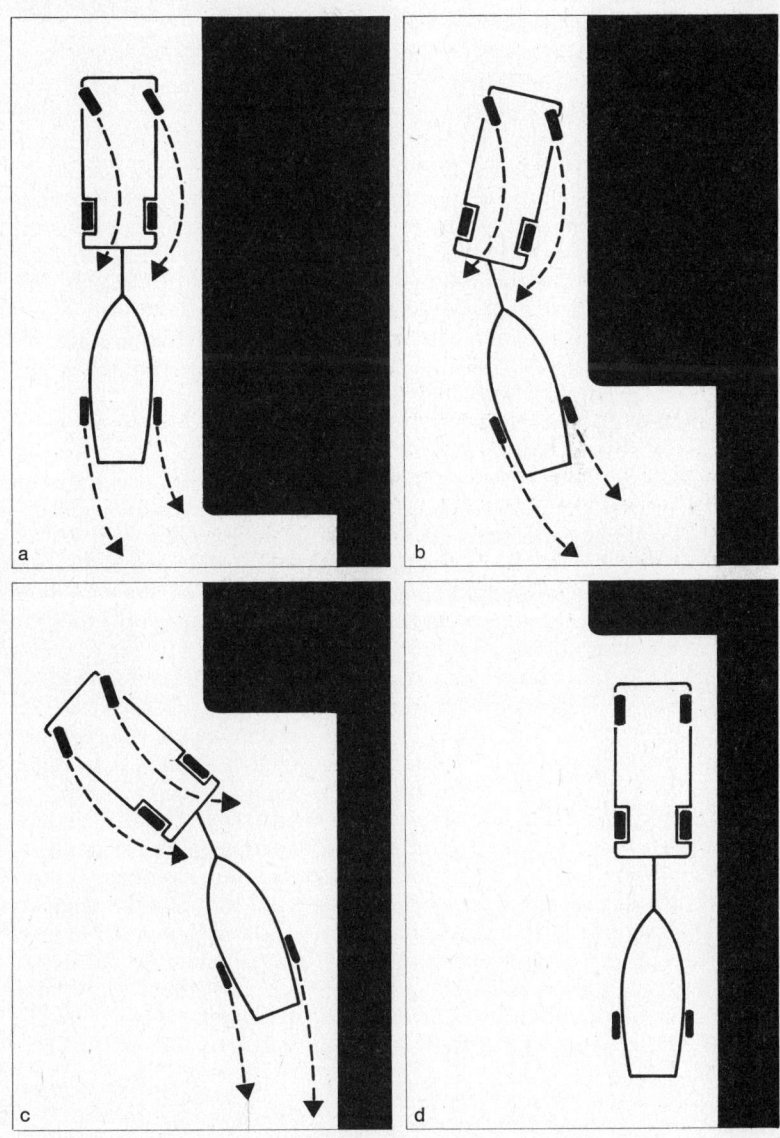

Ab- und Ausslippen

Fährt man mit einem Boot auf dem Trailer an eine unbekannte Slip-Ebene oder Strandformation heran, dann ist Umsichtigkeit geboten. Schiefe Ebenen in Hafenanlagen, ob aus Holz, Beton oder Stahl, sind meistens durch Algenbewuchs glitschig. Tritt man beim Zuwasserbringen des Bootes auf diese Flächen, kann man leicht ausrutschen, und das Schiff rollt unter Umständen zu schnell ins Wasser. Steil abfallende Böschungen am Slip, die man unter Wasser nicht sehen kann, können unseren Bootsanhänger plötzlich in den Fluten verschwinden lassen, während das Boot davonschwimmt. Deshalb ist immer ein Sicherungstampen am Schiff und einer am Hänger zu befestigen. Zu beachten ist ferner, daß vor dem Zuwasserlassen die Lichtanlage des Anhängers abgezogen wird. Slipt man sein Boot häufiger, so müssen auch die Radachsen öfter geprüft und nachgefettet sowie die Lichtanlage mit Sprühmittel gegen Korrosion geschützt werden.

Gefährlich ist es, ohne sicheren Halt oder Stand im Schiff die Slipfahrt ins Wasser mitzumachen. Rutscht der Hänger an der Uferböschung oder auf der Slipebene ab, wird man im Boot beim Aufprall des Rumpfes auf das Wasser herumgeschleudert und im ungünstigen Fall verletzt.

Beim *Ausslippen* muß man im Grunde die gleiche Vorsicht walten lassen. Zu beachten ist hier jedoch, daß ein Schleppfahrzeug unter Last nur schwer auf einer schiefen Ebene hochziehen kann. Das liegt nicht nur an der oft zu geringen PS-Stärke des Fahrzeugmotors, sondern hauptsächlich am ständigen Durchdrehen der Räder. Die Hinterachse der Fahrzeuge muß dann extra belastet werden. Dazu setzt man bis zu drei Personen in den geöffneten Kofferraum, stellt sie auf die Stoßstange oder setzt sie auf die Rücksitze. Damit das ziehende Fahrzeug an steilen Böschungen nicht zurückrollen kann, legt man einen vorsorglich mitgeführten Bremskeil bereit. Im Schleppgang aus dem Wasser geht immer ein Mitglied der Bootscrew neben dem Hänger, um diesen Keil gegebenenfalls sofort vor ein Rad der Hinterachse legen zu können.

Hängt man ein Kielboot in einem Heiß-Stropp an den Kranhaken, prüft man vorher den festen Sitz des Heiß-Auges am Kiel und die Qualität des stählernen Heiß-Stropps. Läßt man die Jacht in fremde Krangurte einhängen, darf man sich nicht unter der schwebenden Last aufhalten. Im einzukranenden Schiff sollte man sich nicht aufhalten. Nennt man einem Kranführer ein falsches Schiffsgewicht, haftet der Eigner für alle dadurch entstehenden Schäden.

Abslippen

zum Abbremsen beim Slippen empfehlen sich Taljen

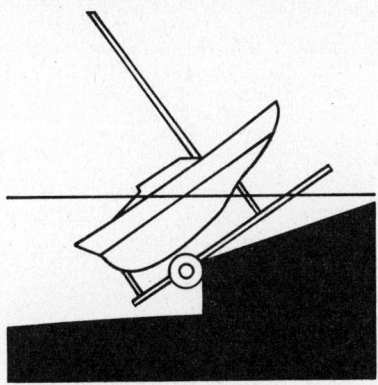

Vorsicht! Der Hänger kann an einem unbekannten Ufer abrutschen ...

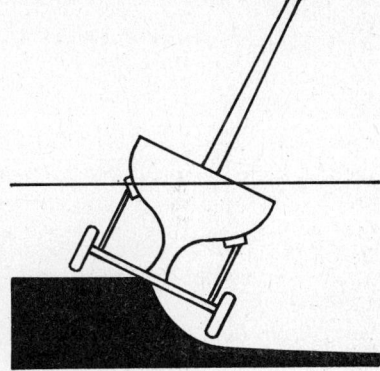

oder seitlich abkippen

Wind, Wasser und Wellen

Das Wetter

Die Wetterbedingungen richtig zu beurteilen ist im Grunde ein Privileg geübter Wassersportler. Zunehmende Wolkenbildung und deren Formationen geben ein genaues Bild von dem zu erwartenden Wetter.
Segelt man bei mittlerem Wind einer dichter und dunkler werdenden Wolkenbank entgegen, ist mit Sicherheit mit böigem Windeinfall zu rechnen; frühzeitiges Verkleinern der Segelfläche wird dann notwendig. Auf Binnenrevieren des süddeutschen Raumes kommen die ‹thermischen Starkwinde› hinzu. Von einer Minute zur anderen können sich hier normale Segelreviere in ein Sturmgebiet verwandeln. – Rechtzeitig eingeholte Auskünfte bei den dort ansässigen Segelclubs oder Seebehörden schützen vor unangenehmen Überraschungen. Revierbekannte Fallwinde zum Beispiel, die auf Talsperren durch die Waldschneisen von den Bergen herunterfegen, lassen sich dann einkalkulieren.
An der Beobachtung des Wassers und der in diesen Windeinfallzonen stärker werdenden Kräuselung der Wasseroberfläche erkennt man den unterschiedlichen Windbereich. Vor einer Wettfahrt sollte man deshalb erst einmal die gesamte Strecke abfahren und das jeweilige Luv- oder Leeufer besichtigen. Schneisen, Kahlschläge und größere Seeflächen, die sich mit schmaleren Bereichen abwechseln, bringen immer unterschiedliche Windstärken, umlaufende Winde oder Flautenlöcher.
Wo lange Zeit hindurch der Wind aus einer Richtung weht, bleibt auch das Wasser nicht unbeteiligt. Das Oberflächenwasser strömt dann je nach Ufer, Untiefen oder Landformation in eine bestimmte Richtung. Je länger der Strom steht, desto stärker wird er. Regattasegler werfen in

solchen Fällen einen kleinen Schwimmkörper aus und verfolgen seine Abtriebsrichtung. Der Vorschoter merkt sich die entsprechenden Stellen und nutzt sie später als zusätzlichen Antrieb.

In stark strömenden *Flußrevieren* befinden sich Steinbuhnen oder Kribben; sie verhindern das Austreiben von Grundsand und schützen das Ufer. Die gegen die Fließrichtung gerichteten Druckströmungen (Neerströme) wirken wie eine Treppe beim Segeln gegen den Strom. Die Segler am Rhein verstehen es meisterhaft, sich mit Hilfe dieser großen Randwirbel vorwärts (zu Berg) zu bewegen. Die Konstellation von Berg-, Tal- und Seitenwind in diesen Revieren richtig auszunutzen ist reizvoll, setzt jedoch schon ein gewisses seglerisches Können voraus.

In *Seerevieren* mit scheinbar glatten, kabbeligen oder gleichmäßigen Wellenbildern gilt im Grunde das gleiche. Steht lange ablandiger Wind, baut sich keine Welle auf, sondern das Wasser läuft in die offene See hinaus. Läuft es aus Förden und Buchten, steht in den Uferzonen ein stärkerer Untiefenstrom als im tieferen Wasser. Liegt eine Untiefe zwischen zwei tieferen Wasserflächen, dann bilden sich auch hier zusätzliche Strömungskräfte, die man ausnutzen kann. Vor einer Regatta spielt deshalb das Studium der revierbezogenen Seekarte eine große Rolle.

Ein Patentrezept gibt es natürlich auch hier nicht. Entscheidend bleibt das vorzeitige Erkennen eines Wetterumschwungs. Ströme kentern langsam und kaum merklich. Die wechselnde Windrichtung jedoch, steht sie für längere Zeit aus der neuen Richtung durch, bringt immer eine andere Wassersituation.

In Gebieten mit Ebbe und Flut ergibt sich beim Gezeitenwechsel ein *Tidenstrom*. Ihn zu nutzen ist für Segler unumgänglich. In bestimmten Seegebieten ist die Tidenströmung so stark, daß man nicht gegen sie ansegeln oder anmotoren kann. Eine weitere Situation im Gezeitenrevier sollte man beachten: Fällt die Jacht bei Ebbe trocken, muß sie unter Umständen für Stunden im Schlick liegen bleiben.

Gewitter auf dem Wasser sind besonders gefährlich, weil der hohe Metallmast eine besondere Anziehungskraft auf Blitze ausübt. Jollen suchen deshalb beim drohenden Gewitter das schützende Ufer oder einen Hafen auf. Küstenkielboote und Jachten führen Kupferlitzen als Blitzableiter mit. Diese Metallstreifen sind bis zu zwei Meter lang und werden an Wanten, Vor- und Achterstag befestigt und ins Wasser gehängt. Schlägt der Blitz in das Rigg ein, wird er sofort ins Wasser und nicht in das Jachtinnere geleitet. Eine rundherum reichende Niro-Seereling ist ein gefährlicher Fangkorb für blitzelektrische Ströme; deshalb sollte man entweder isolierte Relingsdurchzüge verwenden oder – statt der metallenen Spannschlösser am Heckkorb – eine Bändselbefestigung verwenden.

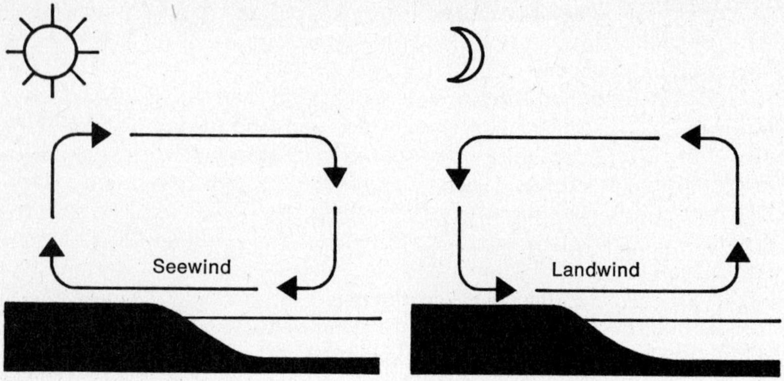

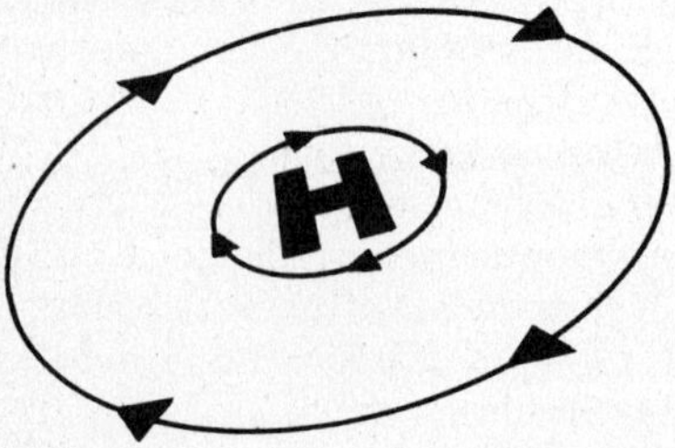

Hoch: der Wind weht rechtsgängig aus dem Hoch heraus

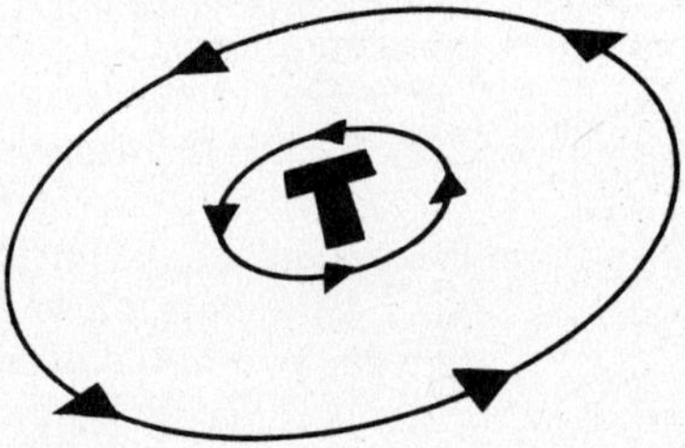

Tief: der Wind weht als linksgängige Spirale in ein Tief hinein

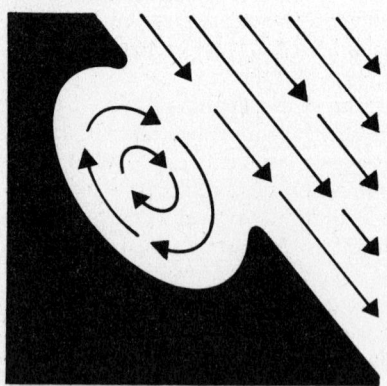

Neerstrom im Wasser
(an Flüssen, Buchten und Molen)

Wasser, Wind und Haut

Segler leben hautnah mit den Elementen ihres Sports. Wasser und Wind gehen dem Segler an und in die Haut – zumindest dort, wo sie ungeschützt getragen wird. Wasser verdunstet bei Wind und Sonne an der Haut, was zu Feuchtigkeits- und Fettverlust führt. Dadurch spannt es hier und dort, und die Elastizität geht verloren. Es bilden sich Falten, Zellverbände lösen sich, und es entstehen Risse an der Hautoberfläche, die womöglich Hautnerven und Blutgefäße freilegen. Dadurch kommt es zu schmerzhaften Blutungen.

Diese Erscheinungen bemerkt der Segler zunächst an Übergangsstellen von Schleimhaut zur Haut, an Ohren, Augenlidern und Lippen. Entscheidend ist ferner die Gewässerfrage: Stark mit sogenannten Detergentien (aus Waschmitteln in den Abwässern) verseuchte Binnenreviere sind schlimmer als das offene Meer. Der Wind beteiligt sich an den Abdunstungsvorgängen an der Hautoberfläche und kühlt sie ab. Nun schafft es die Haut nicht immer rechtzeitig, den angegriffenen Schutzfilm wiederherzustellen. Allerdings gibt es genügend Möglichkeiten, sich zu schützen und dauernde Hautschäden zu vermeiden. An erster Stelle steht eine zweckmäßige Bekleidung, die Wind und Wasser möglichst wenig Angriffsfläche bietet. Segeln in kurzärmeligen Hemden und in Shorts sollte nicht nur aus Gründen einer wie auch immer verstandenen Segleretikette, sondern vor allem aus gesundheitlichen Gründen vermieden werden. Wer seine Haut solchermaßen zu ‹Wasser und Wind› trägt, darf sich nicht wundern, wenn er die Rechnung für dieses Verhalten sehr hautnah zu spüren bekommt.

Wer Segeln mit mehr Einsatz als den zu einer sonntäglichen ‹Kaffeefahrt› nötigen betreibt, sollte zumindest während der Saison eine zweckmäßige Körperpflege betreiben. Dazu gehört, alle Faktoren auszuschalten, die die vorher skizzierten Wirkungen von Wind und Wasser verstärken, wie: die entfettende Wirkung der Seifen, zu langes und zu heißes Duschen – die Haut wird zusätzlich ausgetrocknet –, Baden mit Zusätzen, die das Wasser entspannen sollen, aber die Haut entfetten. Vor längeren Segelfahrten und erst recht auf Touren sollte auf alkoholhaltiges Gesichts- und Rasierwasser verzichtet werden. Zur Hautpflege eignet sich eine stark fettende Creme für Gesicht und Hände. Für die besonders gefährdeten Lippen ist ein Fettstift zu empfehlen.

Die Haare werden von Wasser und Wind ebenso attackiert wie die Haut des Seglers. Feuchtigkeit und vor allem die in ihr gelösten Schmutz- oder auch Salzteilchen bringen das Haar zum Verfilzen oder Verkleben. Langes Haar läßt sich schwer kämmen, zahlreiche Haare werden ausgerissen, und der Wind fördert noch zusätzlich das Verfilzen. Zumindest bleibt der Rat für den Segler mit modischem Haarschnitt, sich

durch eine entsprechende Kopfbedeckung zu schützen.
Auch unter der Segelkleidung, insbesondere dann, wenn sie aus Gummi oder Kunststoffen besteht, bleibt der Segler seinem Sport ‹hautnah› verbunden. Unter diesen Kleidungsstücken kann der Schweiß nicht absorbiert werden, und es bildet sich zwischen Haut und Kleidung ein Raum mit feuchtigkeitsgesättigter Luft. Deshalb kommt der richtigen Wahl der Seglerkleidung große Bedeutung zu. Jollensegler, die ständig mit dem Wasser in Verbindung kommen, sollten entweder einen sogenannten Naßanzug oder einen durchgehenden Segleranzug tragen. Als Unterzeug gibt es seit längerer Zeit den sogenannten Faserpelz und Wärmeunterzieh-Kleidung. Warme Seglerschuhe oder Gummifüßlinge gehören in der kühleren Jahreszeit weiterhin zur Grundausstattung eines gesundheitsbewußten Wassersportlers. Seglerstiefel mit halbhohen oder langen Schäften sind sehr beliebt; in sie kann man noch eine wärmende Kunststoffsohle oder einen Spezialstrumpf einlegen. Nur sollte man sich hüten, diese Fußkleidung nach dem Törn über längere Zeit an Land zu tragen; Schweißfüße sind mit einiger Sicherheit die Folge.
Um den Hals trägt man in der kühleren Jahreszeit ein langes Handtuch oder einen Schal, um das Eindringen von Spritzwasser zu verhindern. Ist man mit voller Seglermontur ins Wasser gefallen, muß man sie später gründlich trocknen. Gegebenenfalls ist die Bekleidung mit Süßwasser vom Salz zu befreien; sonst kommt es beim nächsten Tragen unweigerlich zu Hautjucken. Die Kopfbedeckung der Segler muß ebenfalls zweckmäßig sein und fest sitzen sowie Schutz gegen schrägstehende Sonne und Spritzwasser gewähren.

Verletzungen an Bord

Trotz aller Vorsicht im Umgang mit Schiff, Ausrüstung und Werkzeugen kommt es auf Jollen und Jachten immer wieder zu Verletzungen. Deshalb sollte jedes Boot eine Notausrüstung mit Verbandszeug und Pflaster, wasserdicht verpackt, mitführen. Selbst kleine Schnittwunden oder Hautritzungen können stark bluten und schwer zu entfernende Flecken auf den Segeln hinterlassen. Auch ist der Einfluß des Salzwassers auf die Wunde negativ; der Heilprozeß dauert länger als gewöhnlich und läßt Hautbrennen und Vereiterungen zurück.
Häufigste Verletzungen an Bord sind solche an Armen, Beinen und am Kopf. Platzwunden sind leicht zusammenzuziehen und mit Heftpflaster zu bekleben. Bei stark blutenden Verletzungen innerhalb behaarter Hautzonen wird ein normaler Verband so lange herumgewickelt (auch um den ganzen Kopf), bis die Blutungen aufhören. Hat sich ein Mitglied

Eine Flaute ...

... ist an Bord so unbeliebt wie an der Börse. Ob es um den Regattagewinn oder den Reingewinn geht: Hier wie da ist nicht gut vorankommen, wenn der Wind einem aus den Segeln genommen wird, aber ebensowenig, wenn er einem ins Gesicht bläst.

Quisquis habet nummos, secura navigat aura, sagte der alte Lateiner Petronius: Wer Geld hat, segelt unter gefahrlosem Wind.

Pfandbrief und Kommunalobligation

Meistgekaufte deutsche Wertpapiere - hoher Zinsertrag - schon ab 100 DM bei allen Banken und Sparkassen

Verbriefte Sicherheit

der Crew eine spritzende Aderverletzung beigebracht, dann wird ein festgewickelter Druckverband nötig. Blutet der durch, wird ein weiterer darübergelegt.
Knochenbrüche an Bord sind besonders unangenehm, da eine Segeljacht niemals ruhig im Wasser liegt. Für diesen Fall bringt man den Verletzten in die ruhige Zone um den Mast (Schaukelschwerpunkt) und legt ihm mit dem Enterhaken oder einem Paddel eine Schiene an. Aber bitte keine Versuche zum Einrichten des Bruches unternehmen! Lediglich zwei weit vom Bruch entfernte Punkte werden an das Holz angebunden und dadurch der Arm oder das Bein ruhiggestellt.
Bei Ohnmacht oder Schock legt man den Mitsegler flach auf den Plichtboden und dessen Beine, so hoch es geht, auf eine Deckskante. Dann steigt das Blut aus den Beinen zur besseren Durchblutung des Gehirns in den Kopf zurück. Läßt die Atmung nach, dann wird sofort mit Mund-zu-Mund- oder Nase-zu-Nase-Beatmungen begonnen.
Bei sommerlichen Segelfahrten kommt es häufig zu Hitzschlägen. Ein hochroter Kopf und Übelkeit sind sichere Anzeichen. Hier gilt es, den Erkrankten aufrecht an einer schattigen Stelle am Segel hinzusetzen. Dann ist die Bekleidung zu öffnen und das Gesicht mit Wasser zu besprengen.
Hat man jemanden aus dem Wasser geborgen, der kaum noch Lebenszeichen von sich gibt, dann sollte man den Geretteten um die Körpermitte gefaßt hochheben und dessen Kopf nach unten hängen lassen. Kräftiges ‹Ausschütteln› hilft, das geschluckte Wasser aus dem Magen herauslaufen zu lassen. Dann wird mit der künstlichen Beatmung begonnen. Kommt es zum Erbrechen, dann wird der Mund regelmäßig von Erbrochenem gereinigt. Man benutzt dazu den Zeige- und Mittelfinger. Erst dann wird der Patient in die stabile Seitenlage gebracht. – In allen Fällen ist die rasche Hilfe eines Arztes erforderlich.

Baden vom Schiff aus

Beliebt ist bei allen Seglern das Baden vom Schiff. Auch hier gibt es einiges zu beachten; mancher Wasserfahrer ist ertrunken, weil er die Grundregeln für ‹Baden vom Boot› nicht berücksichtigt hat.
Nicht jedes Binnenrevier ist zum Schwimmen freigegeben; denn Verunreinigungen können für den Badenden zur gesundheitlichen Gefahr werden. Die örtlichen Vorschriften findet man meistens an den Ufern der Reviere auf kleinen Hinweistafeln. Ansonsten ist das Baden auf Binnenrevieren ohne starke Strömung kaum gefährlich.
Auf Seerevieren der europäischen Länder ist das Baden von der Jacht aus fast nirgendwo verboten. Hier gilt folgendes: Will man sein Schiff

beim Baden frei und ohne Anker treiben lassen, werden zuerst die Segel geborgen. Vom Heck aus wird eine lange Leine ins Wasser gelassen, die auch bei Flaute ständig im Auge behalten wird. Bei Wind muß diese *Safe-Leine* immer von einem Crew-Mitglied im Wasser festgehalten werden. Häufig ist eine Jolle oder eine Jacht von den Badenden weggetrieben und konnte von diesen nicht mehr erreicht werden. Deshalb die Forderung: Segel vor dem Baden herunter!

Beim Baden vom Schiff gilt natürlich auch die Regel: Erst abkühlen, den Körper leicht mit Wasser benetzen und dann erst hineinspringen, nachdem man sichergestellt hat, daß die Wassertiefe ausreicht.

Wer sehr lange schwimmt, wird selbst im Sommer schwer wieder warm. Wind und Sonne fördern den Erkältungseffekt, wenn man es versäumt, sich nach dem Baden warm anzuziehen. Vorsicht auch beim Wiederanbordkommen mit nassen Füßen; Lack und Kunststoff werden in Verbindung mit Wasser sehr glitschig. Sofortiges Abtrocknen nach dem Schwimmen ist eine Selbstverständlichkeit. Der Glaube, man würde bei nasser Haut schneller braun, ist falsch; zudem trocknet das nur langsam verdunstende Salzwasser die Haut stark aus. Oft ist es leichter, ins Wasser zu kommen als wieder heraus. Deshalb machen erfahrene Segler immer eine Einsteigschlaufe an der Jolle oder eine Badeleiter an der Kieljacht fest.

Ausbildung und Recht

Führerscheine und Segelschulen

Der Deutsche Segler-Verband hat eine Führerscheinverordnung herausgegeben, die alle Bestimmungen über den Erwerb der Segelführerscheine enthält. Im wesentlichen sind dies Bestimmungen über den Geltungsbereich der Führerscheine, den Nachweis von Kenntnissen für die Prüfungen und Erfahrungsnachweise.

Führerschein für Binnenfahrt (A)
Der A-Schein ist gültig für alle Binnengewässer, soweit sie nicht von Seeschiffen befahren werden. Er kann von Jugendlichen ab dem 14. Lebensjahr erworben werden. Für die praktische Prüfung muß die Fähigkeit der seemännischen Führung einer Jacht in allen Manövern nachgewiesen werden. An theoretischen Fähigkeiten werden Kenntnisse der in Frage kommenden gesetzlichen und polizeilichen Vorschriften, besonders über Ausweichregeln, Lichterführung und Nebelsignale sowie Kenntnisse über Sicherheit an Bord und in Erster Hilfe bei Unglücksfällen, verlangt.

Führerschein Revierfahrt (BR)
Der BR-Schein ist gültig auf allen Gewässern innerhalb der völkerrechtlichen Drei-Meilen-Zone, soweit sie von Seeschiffen befahren werden. Er kann ab dem 16. Lebensjahr erworben werden. Für die praktische Prüfung, die auf einem Kielboot abgenommen wird, soll die Fähigkeit, eine Jacht in allen Manövern zu bedienen und zu führen, nachgewiesen werden; dazu kommt ein Fahrtnachweis über 300 See-

meilen nach Logbuch auf einem Seerevier. In der theoretischen Prüfung werden Kenntnisse über die Vorschriften der Internationalen Seestraßenordnung und der Seeschiffahrtstraßenordnung, über Bootsbau und Takelage, seemännische Arbeiten, Methoden der terrestrischen Navigation, das Arbeiten mit der Seekarte, Wetterkunde, Sicherheit auf See und in Erster Hilfe verlangt.
Ferner gibt es die weiterführenden Scheine *BK* (*Küstenfahrt*) und *C* (*Seefahrt*). Zur Prüfung müssen umfangreiche Kenntnisse auf allen Gebieten des Jachtwesens nachgewiesen werden. Die Fähigkeitsnachweise haben einen rein sportlichen Charakter; sie sind amtlich nicht vorgeschrieben.
Auf fast allen Gewässern, außer vielleicht kleinen Binnenseen, bewegt sich der Segler im gleichen Fahrtbereich wie die Berufs-Schiffahrt. Wird ein Zwischenfall oder gar eine Havarie vor einem Gericht oder einem Seeamt verhandelt, so ist derjenige, der keinen Führerschein besitzt, meistens im Nachteil. Deshalb verleihen die Vercharterer von Jollen und Jachten kaum ein Schiff ohne Nachweis eines Führerscheines.

Entschließt man sich zu einem *Segelkursus*, dann sollte man sich erkundigen, ob die Segelschule einem anerkannten Verband oder einer Segelschulvereinigung angehört. Nur solche Segelschulen sind eine Gewähr dafür, daß der vermittelte Lehrstoff auch tatsächlich den geforderten Bedingungen gerecht wird und am Ende eines Kurses ein Verbands-Segelschein ausgegeben wird. Obwohl der Segelschein im Gegensatz zum ‹amtlichen Sportboot-Führerschein› nichtamtlich ist, richten sich alle Vercharterer, Verleiher und Versicherer in Europa nach diesem Zertifikat. – Es empfiehlt sich, zusammen mit dem A-Schein einer Segelschule den amtlichen *Sportbootführerschein* zu machen.
Der Segelschein ‹A› des DSV dauert in der Regel zwischen 90 und 100 Stunden und endet mit einer praktischen, einer theoretischen und einer mündlichen Prüfung. Eine gute Segelschule hat entweder ein eigenes Prüfungskomitee oder läßt über die Kommission eines vom DSV anerkannten Segelvereins prüfen. Die Prüfer sind mit einer Prüflizenz des Seglerverbandes ausgestattet; insofern erübrigt sich eine amtliche Überprüfung durch staatliche Stellen. Unabhängige Prüfer bieten zudem sichere Garantie gegen sogenannte Gefälligkeitsscheine. Segelscheine, die man nachgeworfen bekommt, nützen nur dem Portemonnaie des Lehrenden.
Heute, in Zeiten des Breiten-Segelsports, ist es schon für die eigene Sicherheit erforderlich, sich gründlich ausbilden zu lassen. Segelkurse in den Ferienmonaten bieten sich hier an. Den Alltagsproblemen entrückt, kann man unter Gleichgesinnten den Lehrstoff unbelastet auf-

Überlappung 121

nehmen. – Ein A-Schein kostet zwischen 330 und 360 Mark und schließt die kostenlose Benutzung der Schulungsboote ein. Der Sportbootschein (amtlich) kostet inclusive Theorie und Praxis 320 Mark und dauert um die 50 Stunden.

Wegerecht

Auch auf dem Wasser gibt es Vorfahrtsregeln für Fahrzeuge untereinander. Selbstverständlich muß bei der heutigen Verkehrsdichte auf Binnen- und Seerevieren jeder Segler über alle nötigen Regeln Bescheid wissen. In den Prüfungen der Verbände nimmt die richtige Beantwortung dieser Wegerechts-Fragen eine entscheidende Rolle ein. Deshalb wird hier zunächst die Grundregel genannt: *Backbordbug vor Steuerbordbug.* Segeln zwei Jachten aufeinander zu, dann muß diejenige Raum geben (ausweichen), die ihre Segel auf Steuerbord stehen hat. Die Jacht, die die Segel auf Backbord hat, muß unbedingt Kurs und Geschwindigkeit beibehalten.

Überlappung (achteraus liegen)

Ein Boot liegt von einem anderen klar achteraus, wenn sich sein Rumpf (einschließlich der Ausrüstung in normaler Lage) hinter einer angenommenen Linie befindet, die querab zum achterlichsten Punkt des Rumpfes (bzw. der Ausrüstung in normaler Lage) des anderen Bootes verläuft. Das andere Boot liegt dann klar voraus. Segelboote überlappen, wenn keines klar achteraus liegt oder wenn – obwohl eines klar achteraus – ein dazwischen liegendes Boot beide überlappt.

B überlappt A

C liegt zwar klar achteraus von A, befindet sich aber mit ihm in Überlappung, da B dazwischensteht und beide überlappt

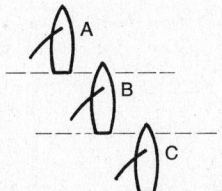

Wer Wegerecht hat, muß es auch nutzen. Jede Art von Höflichkeit und Raumgebens könnte sonst zu Verunsicherungen oder gar zur Kollision führen. Segeln zwei Jachten in der gleichen Richtung nebeneinander, muß sich das in Luv liegende Boot vom anderen freihalten. Es muß dabei vom *Luvlieger* unbedingt darauf geachtet werden, daß der Abstand zum Leeboot groß genug ist und der Kurs beibehalten wird; Wellen und böige Winde können sonst die beiden Segelfahrzeuge aufeinander zutreiben. Erst wenn das überholte Boot klar achteraus liegt (eine bis eineinhalb Bootslängen), kann er auf einen anderen Kurs abfallen. Daraus ergibt sich eine weitere Regel: *Der Überholer muß sich immer freihalten.*

Nun bestätigen auch hier Ausnahmen die Regel. Kann der Luvlieger aus Gründen von Landnähe, Untiefen oder Hindernissen im Fahrwasser nicht den geforderten Raum geben, dann kann er ihn von dem Wegerechtsboot (dem Leelieger) verlangen. Hier hilft ein deutlich und laut gerufenes «*Raum*». – Im Grunde gilt die Fairness-Formel: Der Bessergestellte weicht dem Schlechtergestellten aus. ‹Schlechtergestellt› ist eine Jacht, die unter Ausnutzung aller ihr noch verbleibenden Möglichkeiten nicht mehr regelrecht fahren kann. Ansonsten heißt es: Fährt ein Segelfahrzeug unter Segel mit einem Hilfsmotor, gilt es als Motorfahrzeug. Es zeigt dann unter der Saling einen auf der Spitze stehenden Kegel. Motorjachten weichen einander immer nach steuerbord aus, müssen jedoch allen Segelfahrzeugen Raum geben, es sei denn, sie sind als Wegerechtler erkennbar (siehe Tafel «Lichterführung» und «Tageszeichen» im Anhang).

Je nach Revier oder Region gibt es Zusatzregelungen, die man unbedingt kennen sollte. Auskünfte erteilen die Verbände und Organisationen sowie die Wasserschutzpolizei. Für die verschiedenen Bereiche der Binnenschiffahrt gelten die Binnenschiffahrtsstraßen-Ordnung, die Rheinschiffahrt-Polizeiverordnung, die Moselschiffahrt-Polizeiverordnung, die Donauschiffahrt-Ordnung, die Landesverordnung für die bayerischen Gewässer (Ausgabe 1976) und die Internationale Schiffahrt- und Hafenverordnung für den Bodensee.

Wegerecht

Ausweichregeln

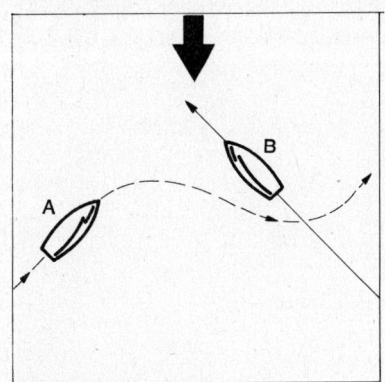

A segelt auf Stb.-Bug und muß ausweichen.

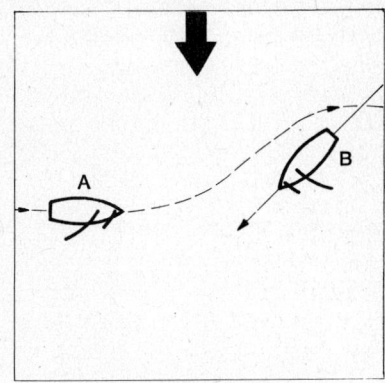

A segelt auf Stb.-Bug und muß ausweichen.

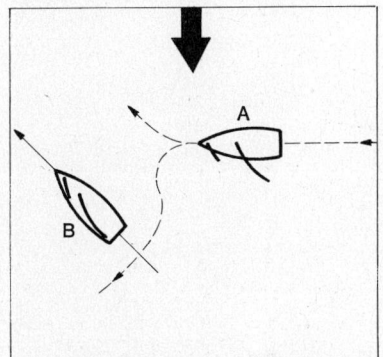

A und B segeln beide auf Bb.-Bug. A ist das Luvboot und muß ausweichen.

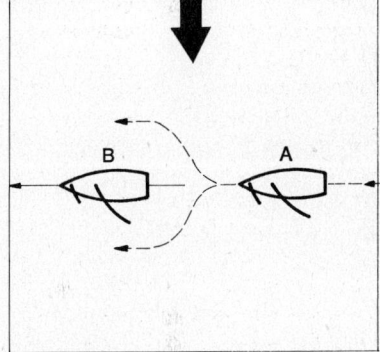

A überholt B und muß sich von B freihalten.

Backbord-Bug vor Steuerbord-Bug. Der Überholer muß sich freihalten.

Sportliches Segeln

Vermessung von Boot und Segel

Für alle Schiffe ist eine amtliche Größen- oder Wertfestsetzung erforderlich. Das gilt auch für Jachten. Hier erfolgt die Vermessung durch den Deutschen Segler-Verband (ebenfalls auf internationale Basis). Durch die Zeitberechnungsfaktoren beim Segeln – eine Folge des Vermessungsergebnisses – kann bei einer Regatta das langsamste Boot Sieger aller Klassen sein. Allein das Regattasegeln in Klassenbooten, insbesondere in *Einheitsklassen*, kann als sportliches Kräftemessen gewertet werden. Doch auch hier geht es nicht ohne Vermessung; denn Boote, die aus vielen handwerklich hergestellten Teilen bestehen, lassen sich nicht ohne Abweichungen voneinander bauen. So wurde es beim Abfassen der Bau- und Vermessungsbestimmungen für die einzelnen Klassen erforderlich, bestimmte Abweichungen von den angestrebten Maßen zuzulassen. Diese Toleranzen sollten dem Segler bekannt sein. Als Sportler sollte er nicht mit einem Boot antreten, das gegen die Vorschriften verstößt und einseitige Vorteile bietet (Beispiel: zu große Segel). Andererseits braucht sich der Segler nicht mit Nachteilen zu belasten, die durch Nichtausnutzen aller Möglichkeiten entstehen (Beispiel: zu kleine Segel).

In allen Klassen gibt es zulässige Spielräume, etwa zum Trimmen. Über vorschriftsgemäße Ausrüstungsgegenstände, Luftkastenabdichtungen usw. muß der Segler Bescheid wissen. Für richtig bemessene Spieren und richtig angebrachte Meßmarken ist immer der Segler verantwortlich. Nach eingehender Beschäftigung mit den Bau- und Vermessungsbestimmungen und mit der Vermessung selbst erhält er Einblicke in die

gesamte Technik seines Bootes.
Viele Gründe sprechen dafür, die Bau- und besonders die Vermessungsbestimmungen so zu beherrschen wie die Wettsegelbestimmungen selbst; denn jede hochwertige Regattaserie fängt mit irgendwelchen Vermessungen an. Zunächst ist zu prüfen, ob ein gültiger *Meßbrief* vorhanden ist. Ist der Meßbrief verlorengegangen oder abgelaufen, sollte baldmöglichst Verbindung mit der Geschäftsstelle des DSV aufgenommen werden.
Ihr *Segel* vermessen Sie am besten selber, indem Sie an einem windstillen Tag beim Vorheißen den Ring des Bandmaßes am Segelkopf mit in das Fall einschäkeln; das fehlende Stück bis zum obersten Vermessungspunkt muß dann hinzugerechnet werden. Achten Sie darauf, wie weit Ihr Segel zwischen die Maßmarken an den Spieren paßt, ob es zu lang oder zu kurz ist, und prüfen Sie, um wieviel es gereckt werden kann. Überzeugen Sie sich auch, ob Stopper vorhanden sind, die es verhindern, daß das Segel über die Meßmarken hinaus gereckt werden kann. Anderenfalls liefern Sie einen bequemen und berechtigten Protestgrund.
Prüfen Sie öfters die Länge des Großsegel-*Achterlieks*. Es soll nicht zu kurz sein, weil es sonst, besonders bei schwerem Wetter, ausreckt. Die Mittelbreite beim Großsegel prüfen Sie, indem Sie durch Übereinanderlegen des Kopfes und des Schothorns (Achterliek) bzw. des Halses (Vorliek) die Lieklängen halbieren und zwischen den Halbierungspunkten messen. Oft sind diese Halbierungspunkte mit einem kleinen Bleistiftstrich vom Segelmacher markiert.
Bei den *Vorsegeln* ist in den meisten Fällen auch die Rundung des Unterlieks zu prüfen. Wenn Sie damit nicht klarkommen, packen Sie Ihre Vorsegel ein und besuchen Sie Ihren Segelmacher. Er hat ein Vermessungsdiagramm, in das das Vorsegel hineinpassen muß. Achten Sie dabei auf eventuell vorgeschriebene Mindestmaße. Der *Spinnaker* ist in ähnlicher Weise zu vermessen; das Vermessungsblatt enthält dazu nähere Angaben. Solche Prüfungen sind regelmäßig zu wiederholen, damit anhand der Aufzeichnungen alle Veränderungen der Segel beobachtet werden können.

Regattasegeln

Regattasegeln beginnt für viele im eigenen Verein bei den sogenannten Sonntagsnachmittagspazierfahrten. Kommt der Liegeplatz-Nachbar von hinten auf und versucht zu überholen, segelt man aufmerksamer und veranlaßt seine Mitsegler zu munterer Aktivität an Bord.
Was beim Tourensegeln an Kondition und Ausdauer wünschenswert

Minuten vor dem Start; die Vorsegel sind schon dichtgeholt

ist, wird für den Regattasegler zur Notwendigkeit. Wer in einer Wettfahrt drei Stunden lang auf der hohen Kante reitet und Segel bedient, leistet Schwerstarbeit. Ein Leistungspaß-Segler unseres Olympiakaders verbraucht auf einer Regatta vergleichbare Energien wie ein Leichtathlet bei einem 3000-Meter-Lauf. Jugendliche und jüngere Männer haben ein gesundes Kraftpotenzial und können Belastungen leicht ausgleichen. Ältere ‹Newcomer› haben es da ungleich schwerer. Wer nicht Gefahr laufen will, sich zu überanstrengen, sollte unbedingt ein leichtes Training vorschalten und sich durch entsprechende Übungen fitmachen. – Diesen Bemühungen geht natürlich in allen Fällen eine sportärztliche Untersuchung voraus.

Eine Regatta besteht in der Regel aus mindestens drei Wettfahrten mit einer festgelegten Regattastrecke. Man kann einen normalen Dreieckskurs oder auch olympischen Kurs vorschreiben je nach Art der segelnden Klassen oder Größe des zur Verfügung stehenden Reviers. Will man unterschiedliche oder unvermessene Klassen gegeneinander segeln lassen, dann kann man es nach dem ‹Yardstick-System› tun. Ansonsten gelten für Klassenboote die Wettsegelbestimmungen des Internationalen Seglerverbandes mit Sitz in England (IYRU); der Deutsche Segler-Verband hat sie übersetzt und ergänzt. Zusatzbedingungen kann auch der durchführende Verein, der jeweils Ausrichter der vom

Soling BL33 verursacht mit GO5 einen Frühstart

DSV zu genehmigenden Regattaserie ist, erlassen. Diese Zusätze beziehen sich in den meisten Fällen auf die räumlichen und regionalen Eigenarten des Reviers, nicht aber auf die Bewertungsregeln.
Die Wettfahrtleitung eines Vereins oder einer Wettfahrtgemeinschaft aus mehreren ausrichtenden Clubs bestimmt den Termin und die Startzeichen zu den einzelnen Rennen. Jeder Teilnehmer unterwirft sich den Anordnungen und bürgt mit seiner Unterschrift auf der Meldung für den ordnungsmäßigen Zustand seines Schiffes. Jede Klasse hat nämlich ihre eigenen Vorschriften für Ausrüstung und Zubehör innerhalb einer Regatta, die schon aus Gründen der absoluten Gleichheit wichtig sind. Deshalb führt ein nicht mitgeführter, aber vorgeschriebener Gegenstand oder ein nachträglich eingebrachter Gewichtsvorteil zur Disqualifikation. – Bei Klassenmeisterschaften, Deutschen-, Europa- oder Weltmeisterschaften werden die Vorschriften besonders streng gehandhabt, hier werden grundsätzlich alle Boote nachvermessen.
Auch beim Segeln sind die Entscheidungen des Schiedsgerichts unantastbar – es sei denn, es hat selbst gegen die Bestimmungen verstoßen. In einem solchen Fall können Proteste gegen die Wettfahrtleitung eingelegt werden. Gewertet wird nach dem Einheitspunkt- oder dem olympischen Punktsystem. Wenige Klassen haben abweichende Rech-

nungsarten, wie die Star-Boote oder die Tonner-Klassen. Das DSV-System und das olympische System werden hier nebeneinandergestellt: Für den 1. Platz erhält man in beiden Systemen null Punkte, für den 2. Platz beim DSV 1,6 Punkte und beim olympischen System 3 Punkte, der 3. Platz beim DSV = 2,9 Punkte, beim olympischen System = 5,7 Punkte
4. Platz beim DSV = 4   Punkte, beim olympischen System = 8 Punkte
5. Platz beim DSV = 5   Punkte, beim olympischen System = 10 Punkte
6. Platz beim DSV = 6   Punkte, beim olympischen System = 11,7 Punkte
7. Platz beim DSV = 7   Punkte, beim olympischen System = 13 (7 + 6) Punkte usw.
(Tabellenwerke gibt es beim Deutschen Segler-Verband.)
Anzumerken bleibt noch, daß ab sechs Wettfahrten in einer Regatta – bei Klassenmeisterschaften, Deutschen-, Europa- oder Weltmeisterschaften gehören zu einer Regatta jeweils fünf bis sieben Wettfahrten – das schlechteste Ergebnis gestrichen werden darf. Ein nichtstartendes Boot erhält nach den Regeln des DSV einen Punktbetrag zugeschrieben, der der Zahl der gemeldeten Boote entspricht. Haben also 120 Boote in der Klasse gemeldet, wird diese Zahl zugrunde gelegt. Ist man in den anderen Wettfahrten erfolgreich, so kann man diese 120 Punkte als schlechtestes Resultat wieder streichen lassen.
Eine Jolle oder eine Jacht, die aufgeben muß, und die Ziellinie nicht durchsegelt, erhält einen Punktbetrag zugerechnet, der dem Mittel zwischen der um eins erhöhten Zahl der gewerteten und der Anzahl der in der betreffenden Regatta gestarteten entspricht. Wird ein Boot disqualifiziert, bekommt es einen Punktbetrag auf das Konto, der der um eins erhöhten Zahl der Startenden entspricht. Haben auf einer Regatta zum Beispiel 50 Jollen gemeldet, sind auf ihr 46 gestartet und 33 gewertet worden, dann erhält der nicht zum Start angetretene Segler 50 Punkte; der Segler, der aufgeben mußte, bekommt 40 Punkte (46 und 33 Punkte plus 1) geteilt durch zwei.
Ein disqualifizierter Regattateilnehmer wird demnach mit 47 Punkten belastet. Das wiederum errechnet sich wie folgt: Zahl der Starter = 46 plus 1 = 47 Punkte.
Nach dem olympischen Punktsystem bekommt ein Boot, das aufgibt, die Punkte des Platzes. Ein disqualifiziertes Boot erhält die Punkte des letzten Platzes zuzüglich zehn Prozent der in der Wettfahrt gestarteten Boote. Ein nicht gestartetes Boot bekommt die Punkte des letzten Platzes, bezogen auf die in der Serie segelnden Boote. Sind in der DSV-Gesamtwertung zwei oder mehrere Boote punktgleich, so erhält

dasjenige den besseren Rang zugesprochen, das sich häufiger vor dem oder den anderen placiert hat. Sind immer noch Boote punktgleich, dann entscheidet der bessere Platz der zuletzt gesegelten Wettfahrt. Beim olympischen System erhält das Boot den besseren Rang, das die höhere Zahl an ersten Plätzen (bzw. zweiten Plätzen usw.) aufzuweisen hat. Gesamtsieger ist immer der, der die wenigsten Punkte verbuchen kann.

Start und Regatta

Erfolgreiche Segler handeln nach dem Grundsatz: Die Startposition ist entscheidend für die Zielposition. Ein geschickter Regattasegler wird immer versuchen, einen optimalen Platz auf der Startlinie einzunehmen. Zur Starttaktik gehört die Frage, ob man im dichtbevölkerten Luvbereich seine Chancen suchen soll. Nach dem Startschuß gehen die einen auf dem Backbordbug mit absolutem Wegerecht auf Kurs; andere werden versuchen, mit dem Steuerbordbug in eine günstige Position hineinzuwenden.

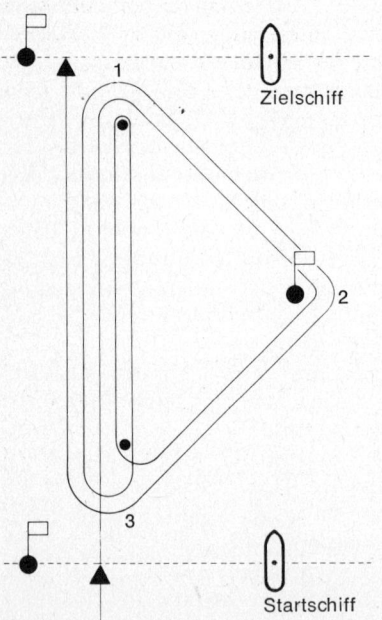

Olympischer Kurs

Dieser Kurs wird auf allen vier Bahnen der Kieler Woche gesegelt: Start jeweils zwischen Startschiff und Startboje vor Tonne 3. Dann kreuzen die Jachten zu Tonne 1, danach folgen Halbwindstrecken zu den Tonnen 2 und 3 und eine erneute Kreuz zu Tonne 1. Danach geht es mit achterlichem Wind und bunten Spinnakern (allerdings nicht bei allen Klassen) zurück zur Tonne 3. Es folgen eine Kreuz zu Tonne 1, Halbwindstrecken um die Tonnen 2 und 3 und eine letzte Kreuz zum Ziel hinter Tonne 1 zwischen Zielschiff und Zielboje. Mit diesem «olympischen Kurs» wird sichergestellt, daß fast die Hälfte der Regattastrecke kreuzend zurückgelegt werden muß, wo sich die Segler am meisten zu bewähren haben.

Regattastart

Vor dem eigentlichen Start stellt man durch Absegeln der *Startlinie* fest, ob der Wind genau rechtwinklig auf die zwischen zwei Tonnen oder Zeichen liegende (gedachte) Startgerade fällt oder ob die eine oder die andere Seite durch leicht schräg einfallenden Wind begünstigt wird. Hat man sich für eine Seite entschieden, dann hält man nach den Hauptkonkurrenten Ausschau. Nach deren Verhalten vor dem Start kann man sich aber nur bedingt richten; denn auch beim Segeln wird das Bluffen groß geschrieben. Noch in den letzten 30 Sekunden vor dem Start kann ein Spitzenmann nämlich die Segel dichtnehmen und unvermutet in eine andere Startzone hineinstoßen.

Winddrehungen sind beim Start von vornherein einzukalkulieren. Hat man sich kursmäßig festgelegt und die erste Wendemarke gepeilt, segelt man sich auf diesem Kurs erst einmal vom Start weg ‹frei›; sonst würden die Abwinde und Turbulenzen aus den vielen anderen Segeln die Fahrt entscheidend vermindern. Nicht immer gelingt ein perfekter Start; dann sollte man wenigstens versuchen, aus der ‹Wuling› herauszukommen, indem man schnellstens viel Fahrt aufnimmt und weniger absolute Höhe segelt. Ergeben sich schon vom Start weg dauernd Winddrehungen, muß man diese taktisch klug ausnutzen. Falsch ist es, lange ‹Extremschläge› anstelle von kurzen Streck- und Holebug-Schlägen zu machen.

Bemerkt man eine Tendenz des Windes, nach rechts zu drehen, wird man auf der sicheren Steuerbordseite weitersegeln. Wolken, Wasserkräuselung und sichtbare Zeichen an Land (Schornsteinrauch, Flaggen und andere Segler) werden ständig beobachtet, denn an Wolkenbänken und Wetterfronten ‹hängt› immer mehr Wind.

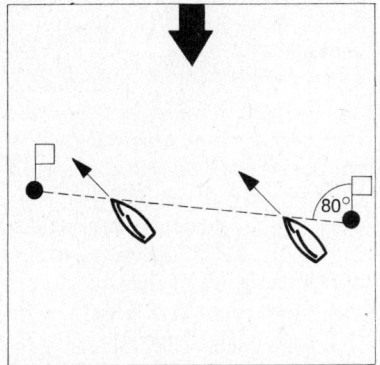 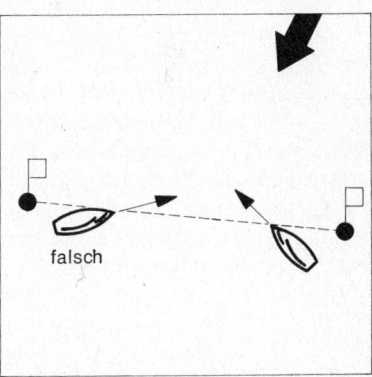

Startlinie: eine Startlinie von 80 Grad zum Wind ist ideal für alle Teilnehmer.

Hier ist durch «Schraler» der Winkel kleiner geworden; Steuerbord ist jetzt begünstigt.

Hat man sich an einen Gegner angehängt und liegt leicht hinter ihm, dann sollte man nicht durch ‹Höhe-Schinden› versuchen, an diesem vorbeizukommen; vielmehr wird man durch leichtes Abfallen vom Wind einen Durchbruch in Lee versuchen. Stellt sich der Vordermann darauf ein und versucht er, uns mit Scheinmanövern abzuschütteln, wird man den eigenen Kurs beibehalten. Ein guter Segler wendet nämlich nie in eine schlechtere Situation hinein. Wendet der Gegner aber endgültig, dann gehen auch wir mit herum, ohne jedoch bei der ganzen Taktiererei die anderen Mitkonkurrenten an uns vorbeisegeln zu lassen. Im Extremfall läßt man lieber einen schnelleren Segler passieren, bevor man selber in eine schlechtere Position hineingelockt wird.

Liegt man vor einem ‹schnellen Mann›, dann muß durch ruhiges und besonnenes, kurstreues Fahren der Vorsprung gehalten werden. Es wäre falsch, die bisher geübte Taktik zugunsten von Abdeckmanövern zu ändern. Wendet der Verfolger plötzlich, dann wende ich mit! Gute Taktiker halten ihre ärgsten Rivalen immer hinter dem Spiegel im Abwind fest.

Hat man die erste Wendemarke erreicht, geht es auf die *Raum-Strecke*. Auf ihr erreichen alle Teilnehmer die höchste Geschwindigkeit, und es bleibt wenig Zeit zum Taktieren. Allerdings beeinflussen unterschiedliche Windstärken und Wellenhöhen den zu steuernden Kurs wesentlich. Durch Abfallen und Anluven läßt sich die Bootsgeschwindigkeit jeweils erhöhen. Dabei ist jedoch Vorsicht geboten; denn stark einfallende Böen führen nicht selten zur Kenterung. Liegen viele Mitbewerber auf dem Raumschenkel in unmittelbarer Nähe unseres Bootes, dann können wir etwas abfallen oder – besser noch – anluven. An der nächsten Wendemarke müssen wir unsere Wendeposition so einrichten, daß wir nicht auf dem nächsten Kurs vom Hintermann abgedeckt werden. Aus diesem Grunde geht man gleich hoch genug an die nächste zu segelnde Strecke heran oder fällt auf eine höhere Geschwindigkeit ab. Auf keinen Fall darf man sich in eine Tonnen-Position hineinmanövrieren, die es dem Gegner ermöglicht, uns so lange abzudecken, bis er selber – und manchmal auch andere Teilnehmer – vorbeigesegelt sind. Also: enge Umrundung der Bahnmarke nur dann, wenn man absolut allein herumgeht und der nächste Mitstreiter erst nach einigen Metern hinter einem rundet.

Hat man den richtigen Vorwindkurs, dann setzt man den Spinnaker oder fiert bei den Kat-Klassen das Segel weitmöglichst auf. Es ist jedoch immer besser, leicht vor dem Wind abzukreuzen, als direkt mit achterlichem Wind ‹platt vor dem Laken› abzulaufen.

Auf der *Zielkreuz* wird noch einmal der Grundsatz der richtigen Kreuzschläge akut. Jedenfalls muß man seine Schläge so einteilen, daß die

Regattastart

Luven vor dem Start:

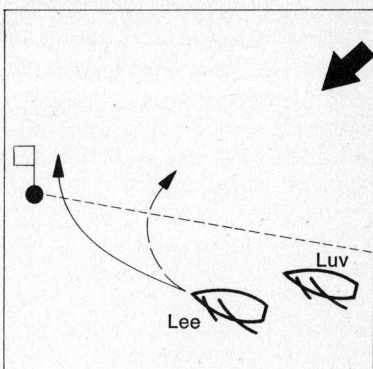

Die Lee-Jacht darf nur langsam und vorsichtig luven.

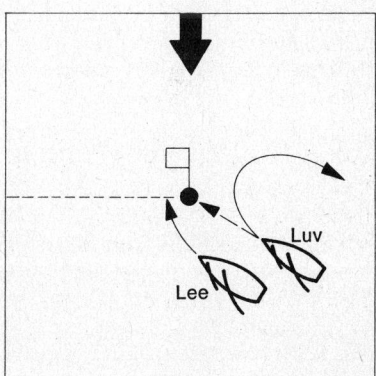

Hineindrängeln vor dem Start ist verboten.

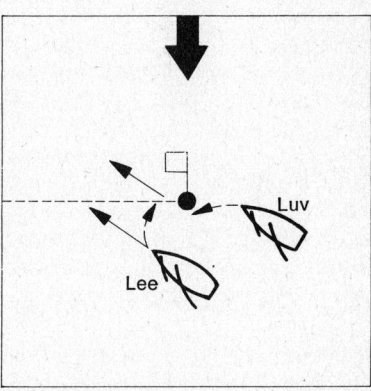

Nach dem Start darf «Lee» nicht mehr anluven.

letzten Meter ins Ziel immer ein Wegerechts-Schlag werden. Das ist natürlich leichter gesagt als getan. Denn schon von weitem muß man genau feststellen, welche Seite der Ziellinie vom Wind begünstigt ist. Von jetzt ab segelt man immer den kürzesten Weg ins Ziel. Hier darf man auch einmal mehr wenden als sonst. Kann man mit einem Schlag vom Punkt der letzten Peilung die Lee-Zieltonne anliegen, segelt man, soweit es geht, an sie heran. Danach teilt man die letzten Meter noch einmal ein. Liegt ein anderer Segler in Luv oder Lee vor einem auf der Zielkreuz, sollte man sofort auf Geschwindigkeit segeln und erst im letzten Augenblick wenden. Auch andere Segler werden auf der Zielkreuz nervös und machen Fehler, darin liegt eigentlich immer noch eine Chance auf eine platzmäßige Verbesserung.

Die *Ziellinie* sollte man immer ganz durchsegeln und erst dann die Schoten schricken, wenn das Durchgangssignal (ein Schuß oder ein Hornsignal) ertönt. In den meisten Revieren ist das nochmalige Rückpassieren der Ziellinie verboten und führt zur Disqualifikation. Man sollte also immer weit vom Ziel weg auf den Heimkurs einwenden.

Beispiel eines Start- und Regattaablaufs

Zur perfekten Kommunikation zwischen Wettfahrtleitung und Regattateilnehmern gehört das Signalisieren mit Flaggen und Signalhörnern. Dazu sind auf dem Startschiff an einem besonderen Mast Leinen und Vorrichtungen angebracht, an denen die jeweiligen Klassenflaggen und andere nach dem internationalen Flaggenalphabet gebräuchliche Stander gezeigt werden. Jeder Regattateilnehmer muß diese Flaggen und auch die akustischen Signalzeichen kennen. Vor Beginn einer jeden Zeichensetzung wird auf dem Startschiff von einer bestimmten Windstärke an die Flagge «*Y*» gesetzt, das bedeutet: «Schwimmwesten anlegen!» Diese Anordnung muß strikt befolgt werden. Alle Teilnehmer lesen vor und nach jeder Wettfahrt die Bekanntmachungen an den dafür vorgesehenen Tafeln. Erfolgt eine Bekanntmachung noch vor dem ersten Start an dem entsprechenden Wettfahrttag, setzt die Wettfahrtleitung Signale am Flaggenmast des Hafens. Die Flagge «*A*» kann dann bedeuten: «Der Start wird verschoben, Auslaufen auf Anweisung.» Flagge «*N*» bedeutet zum Beispiel: «Heute keine Wettfahrt.» Wenn eines dieser Signale gesetzt wird, ertönt ein akustisches Signal, um die Aufmerksamkeit auf den Flaggenmast zu lenken.

Bahnsystem
Der olympische Kurs besteht aus:
einer Kreuzstrecke vom Start zur Tonne «1»

einer Raumstrecke von Tonne «1» zur Tonne «2»
einer Raumstrecke von Tonne «2» zur Tonne «3»
einer Kreuzstrecke von Tonne «3» zur Tonne «1» (oder «4»)
einer Vormwindstrecke von Tonne «1» («4») zur Tonne «3»
und einer Ziel-Kreuzstrecke von Tonne «3» ins Ziel

Kurze Bahn
eine Kreuzstrecke (1)
eine Raumstrecke (1 bis 2)
eine Raumstrecke (2 bis 3)
und eine Ziel-Kreuzstrecke (3 bis Ziel)

Die Wettfahrtleitung legt an jedem Wettfahrttag die Bahn entsprechend der Windrichtung aus, und zwar mit drei Bahnmarken mit den Nummern «1», «2» und «3» sowie – im Falle einer Winddrehung nach dem Start – einer weiteren mit der Nummer «4». Die Mitte der Startlinie liegt etwa 0,2 sm leewärts der Bahnmarke «3». Die Mitte der Ziellinie liegt etwa 0,2 sm luvwärts der Bahnmarke «1» oder – bei einer Bahnänderung vor der zweiten Kreuzstrecke – weiter luvwärts der Bahnmarke «3».

Die Wettfahrtleitung entscheidet täglich, ob die Bahn rechts- oder linksherum gesegelt werden soll. Die Start- bzw. Ziellinie liegt in den meisten Wettfahrten auf der Backbordseite vom Start- oder Zielschiff. Die Bahnmarken sind jeweils rote Bojen oder Schwimmkörper mit Flaggen, jede Bahnmarke trägt eine Nummer. Die Begrenzungsbojen am Ende der Start- oder Ziellinie tragen ebenfalls Flaggen.

In vielen Fällen übernimmt eine Jury-Jacht die Funktion eines Wegweisers als Markboot und liegt in der Nähe der Bahnmarke «1» (falls ausgelegt: der Bahnmarke «4»), um deren Position zu kennzeichnen. Das Markboot liegt etwa in Verlängerung des direkten Kurses von der vorhergehenden Marke zu seiner Bahnmarke in einem Abstand, der eine Behinderung der Boote, die die Bahnmarke runden, ausschließt. Das Markboot kann, wenn es auf Position ist – und nur dann –, im Topp ein spinnakerähnliches Signal setzen.

Startlinie
Die Startlinie muß zwischen ihren Begrenzungsbojen mit Kurs auf die Bahnmarke «1» durchsegelt werden.

Startverfahren
Als erstes wird zehn Minuten vor dem Start das Ankündigungssignal gegeben. Dann werden die Bahntafeln gesetzt, die anzeigen, an welcher Seite die Bahnmarken zu lassen sind:
• grüne Tafel mit weißem Rand: Bahnmarken an Stb.,

- rote Tafel mit weißem Rand: Bahnmarken an Bb.,
- Tafel mit dem Kurs in Gradzahlen zur Bahnmarke «1» (schwarze Ziffer auf weißem Grund).

Zusammen mit dem Ankündigungssignal wird die Klassenflagge gesetzt. Fünf Minuten vor dem Start wird zusammen mit einem akustischen Vorbereitungssignal die Flagge *P* gesetzt; beim Startsignal geht die Flagge *P* und die Klassenflagge nieder. Jedes Boot muß dann innerhalb von zehn Minuten nach dem Startsignal die Startlinie passiert haben.

Sind ein oder mehrere Boote zu früh gestartet, setzt die Wettfahrtleitung die Flagge *V*. Frühstarter müssen dann zurück hinter die Linie und neu starten. Flagge *V* wird zehn Minuten nach dem betreffenden Start niedergeholt. Ein Boot, das diese Regel nicht beachtet, wird nach dem Zieldurchgang wie ein disqualifiziertes Boot gewertet. Die Wettfahrtleitung kann einen «Allgemeinen Rückruf» durch das Setzen des «1. Hilfsstanders» in Verbindung mit zwei akustischen Signalen anordnen. Fünf Minuten nach der ursprünglichen Startzeit wird dann ein neues Signal gegeben.

Dreht nach dem Start der Wind beträchtlich, dann kann ein Boot der Wettfahrtleitung in der Nähe der Bahnmarke «3» Bahnänderungssignale geben, und zwar entweder am Ende des ersten Dreiecks oder am Ende der Vormwindstrecke. Wenn die Bahnänderung nach dem ersten Dreieck gelten soll, zeigt ein Boot der Wettfahrtleitung zwischen den Bahnmarken «2» und «3» etwa 400 Meter vor der Bahnmarke «3» eine Signaltafel und gibt den neuen Kurs in Gradzahlen von der Bahnmarke «3» zu einer neuen Bahnmarke «4» (schwarze Ziffern auf weißem Grund) an. Dazu gibt es zwei kurze akustische Signale in kurzen Abständen. Die neue Bahnmarke «4» wird dann so ausgelegt, daß die Kreuzstrecke zu ihr möglichst genau gegen den Wind liegt.

Die Lage der Ziellinie wird durch das Zielschiff bezeichnet, das eine für alle sichtbare blaue Flagge trägt. Sollte das Startschiff nicht in der Lage sein, seine Position als Zielschiff einzunehmen, dann übernimmt ein anderes Boot diese Funktion; es setzt dann Flagge *blau* und Flagge *s* über Flagge *Q*.

Ein-Minuten-Regel
Kommt es häufig zu Fehlstarts, kann eine Wettfahrtleitung nach der Ein-Minuten-Regel (Setzen der Flagge *I*) starten lassen. Sie besagt, daß jede Jacht ausgeschlossen wird, die in der letzten Minute vor dem Start die Startlinie überfährt. Eine Jacht kann aber den Ausschluß durch Umsegeln der Begrenzungstonnen vermeiden. In den Segelanweisungen der Programme sind auch Fünf-Minuten-Regeln oder Zwei-Minuten-Regeln (‹Round the Ends›-Regel) zu finden.

Torstart

Ziellinie
Die Ziellinie liegt meistens zwischen einem Mast mit rotem Kegel (Spitze unten) und einer Flagge auf dem Zielschiff sowie einer Ziellinienboje mit Flagge. Die Boote müssen die Ziellinie aus der Richtung der letzten Bahnmarke durchsegeln.

Protestfrist
Die Protestfrist beginnt meistens 15 Minuten nach Zieldurchgang des letzten Bootes im betreffenden Regattagebiet und dauert eineinhalb Stunden. Alle Boote müssen ihre Absicht, einen Protest einzureichen, durch Zeigen der Flagge «B» kundtun. Proteste werden schriftlich auf dem vorgeschriebenen Formular fristgemäß im Regattabüro eingereicht. Das Boot muß sofort nach dem Zieldurchgang die Wettfahrtleitung auf dem Zielschiff informieren, gegen welches andere Boot es protestiert. Ein Boot, das innerhalb des Rennens aufgibt, muß dies im Regattabüro innerhalb der Protestfrist bekanntgeben; sonst wird es wie ein disqualifiziertes gewertet.

Der Torstart
Ein neues Startverfahren, das besonders für Dreiecksregatten interessant ist, ist der Torstart. Dieses Startverfahren wird heute mehr und mehr angewendet, weil es bei vielen Teilnehmern – hauptsächlich bei Wettfahrten und Meisterschaften – zur Verringerung der Fehlstarts führt. Hier reguliert ein Startschiff mit der Wettfahrtleitung, ein Juryboot, ein Torboot und ein sogenannter Pfadfinder den Start. Das Pfadfinderboot wird von einem Teilnehmer gestellt. Als Signal für den Torstart wird auf dem Startschiff die Flagge «G» gesetzt. Neben dem Startschiff wartet auch das Torboot im Startraum.
Zehn Minuten vor dem Start folgt wie üblich das Ankündigungssignal, fünf Minuten davor das Vorbereitungssignal. Die Teilnehmerboote müssen in Lee vom Startschiff und dem sich nun postierenden Pfadfinder bleiben. Drei Sekunden vor dem Startschuß öffnet das Torboot durch Werfen einer freitreibenden Boje die Startlinie (Starttor). Der vorher ausgeloste Pfadfinder geht auf Steuerbordbug ‹am Wind› auf Kurs. Das Juryboot fährt ihm auf gleichem Kurs voraus. Danach schließt sich das Torboot dem Pfadfinder an. Die Startlinie wird nun größer und größer und liegt zwischen der treibenden Torboje und dem Heck des Torboots.
Nach dem Startschuß dürfen die Jachten diese Linie hinter dem Torboot kreuzen und auf Kurs gehen. Jeder kann sich seinen Startzeitraum und seine Höhe selbst wählen. Nach einiger Zeit wird der Pfadfinder von der Jury entlassen. Bevor er jedoch die Regatta (mit der größten Höhe) beginnt, muß er hinter dem Heck des Torboots halsen. Tor- und

Juryboot bleiben noch einige Zeit liegen oder fahren auf gleichem Kurs weiter, bis auch Nachzügler die Linie passiert haben. Das Ende des Startes wird durch ein akustisches Signal und Niederholen der Flagge «G» angezeigt; dann darf niemand mehr starten.

Tabelle der akustischen und optischen Signale

Signale und Begriffe

Maßnahmen	akustische Signale	optische Signale
Bahnanzeige: Alle Bahnmarken an Bb.	mit dem Zeitschuß	rote Tafel mit weißem Rand
Bahnanzeige: alle Bahnmarken an Stb.	mit dem Zeitschuß	grüne Tafel mit weißem Rand
Abgekürzte Bahn		Tafel «K»
Kompaßkurs		3 Tafeln mit schwarzen Ziffern auf weißem Grund
Ankündigungssignal	1 Schuß	Klassenflagge
Klassenflaggen		Flaggen mit Klassenzeichen (jeweils in der Teilnehmerliste ersichtlich)
Vorbereitungssignal	1 Schuß	Flagge «P» (weißes Rechteck auf blauem Grund)
Startsignal	1 Schuß	Flagge «P» und Klassenflagge nieder
Startverschiebung 15 Minuten	2 lange Töne (5 Sek.) mit Horn oder Dampfpfeife	Antwortwimpel (rot-weiß-rot-weiß-rot stehend)
Beginn der Ein-Minuten-Regel	1 langer Ton (5 Sek.) (Horn oder Hupe)	Flagge «I» (schwarzer Ball auf gelbem Grund)

Signale

Es sind Frühstarter beobachtet worden		Flagge «V» (rotes Andreaskreuz auf weißem Grund
Allgemeiner Rückruf		1 Hilfsstander
Abbruch der Wettfahrt		Flagge «N» (blau-weiß gewürfelt)
Abbruch der Wettfahrt mit der Absicht, sie in Kürze neu zu starten	3 Schuß	Flagge: «N» über Flagge «X» mit blauem Kreuz)
Abkürzung der Bahn nach dem Start	wenn von einem Boot der Wettfahrtleitung: 2 kurze Töne in kurzen Abständen	Flagge «S» (weiß mit blauem Rechteck) ggf. mit Klassenflaggen der Klassen, für die die Abkürzung gilt
Änderung der Bahn nach dem Start und neuer Kompaßkurs	2 kurze Töne in kurzen Abständen	Tafel «O» (rot/gelb diagonal) und 3 Tafeln mit schwarzen Ziffern auf weißem Grund
Achten Sie besonders auf die Lage des Zielschiffes	2 kurze Töne in kurzen Abständen	blaue Tafel mit weißem Buchstaben «F»
Ziel		Flagge «blau»
Ziel, wenn das Zielschiff ein anderes als das Startschiff ist		zusätzlich Flagge «Q» (gelb)
Schwimmwestenzwang	1 langer Ton (5 Sek.) (Horn oder Hupe)	Flagge «Y» (rot-gelb diagonal gestreift)
Alle Boote in Rufweite kommen	1 Ton	Flagge «L» (schwarz-gelb-schwarz über Eck)
Bahnmarke vertrieben; runden Sie Boot mit dieser Flagge	1 Ton in kurzen Abständen	Flagge «M» (blau mit weißem Andreaskreuz)
Protestflagge		Flagge «B» (roter Doppelstander)

Regattazeichen

Flaggen und Wimpel auf Regatten

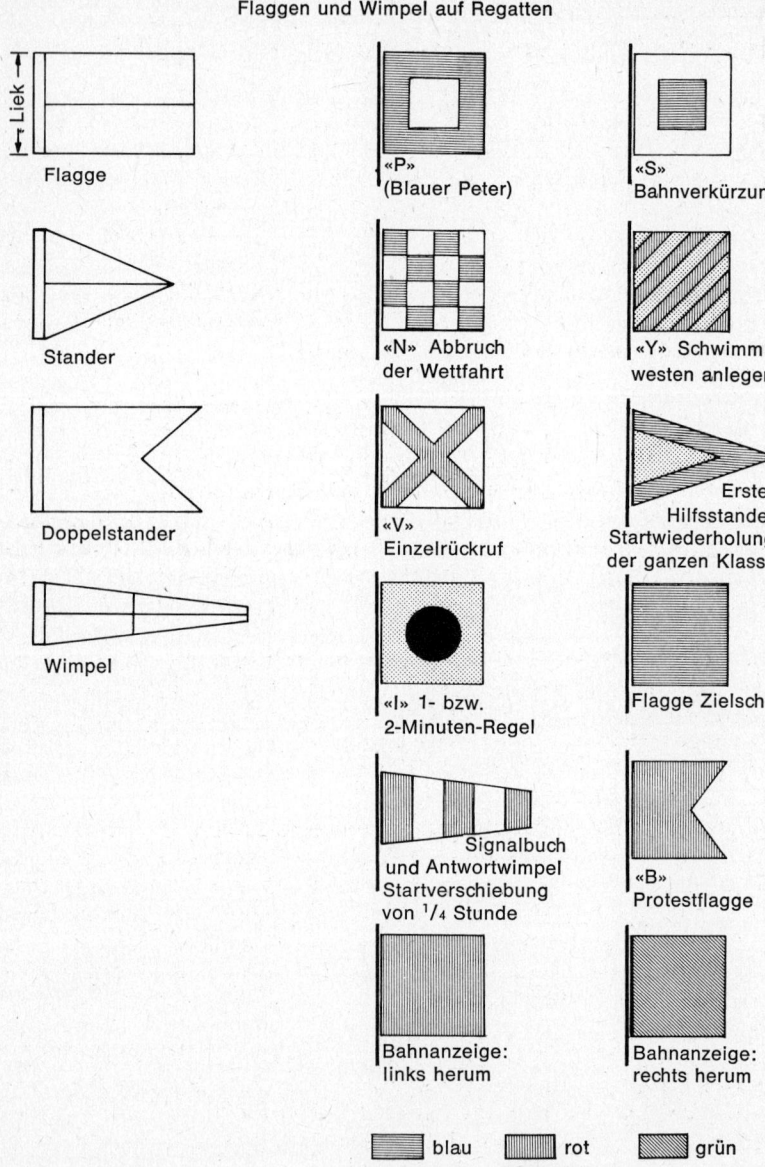

Wichtige Grundbegriffe aus den Internationalen Wettsegelbestimmungen (IWB)

Richtiger Kurs: Ein richtiger Kurs ist der Kurs, den eine Jacht nach dem Startsignal in Abwesenheit der davon betroffenen Jacht oder Jachten segeln würde, um so schnell wie möglich ins Ziel zu gelangen. Der vor dem ‹Anluven› oder ‹Abfallen› gesegelte Kurs ist also der richtige Kurs einer Jacht. Vor dem Startsignal gibt es keinen ‹richtigen Kurs›.

Luv-Jacht und Lee-Jacht: Wenn von zwei Jachten auf gleichem Bug keine klar achteraus liegt, dann gilt die in Lee der anderen liegenden Jacht als Lee-Jacht, die andere als Luv-Jacht.

Klar achteraus – klar voraus – überlappen: Ein Boot liegt klar achteraus, wenn sich sein Rumpf (einschließlich der Ausrüstung in normaler Lage) hinter einer angenommenen Linie befindet, die querab zum achterlichsten Punkt des Rumpfes (bzw. der Ausrüstung in normaler Lage) eines anderen Bootes verläuft. Das andere Boot liegt dann klar voraus. Jachten überlappen, wenn keines klar achteraus liegt oder wenn – obwohl eines klar achteraus – ein dazwischen liegendes Boot beide überlappt.

Abdecken: In Lee jedes Bootes entsteht ein Windschatten, hinter jedem Rigg wird der Wind verwirbelt – beides wirkt auf andere Boote, die einem anderen in dessen Abdeckungs- oder Umlenkungsbereich nachsegeln (bzw. bei Vorwindkurs voraus segeln). Hinzu kommt die störende Bugwelle.

Sichere Leestellung: Wenn eine Jacht auf dem Kreuzkurs nahe genug und etwas voraus in Lee eines Konkurrenten liegt, lenkt es den Wind so ab, daß ein normalerweise begünstigtes Luvboot seinen Abwind bekommt und zurückfällt. Befinden sich zwei Segeljachten beim Kreuzen auf Kollisionskurs, so kann es für das ausweichpflichtige besser sein, in die vorerwähnte sichere Leestellung ‹hineinzuwenden›, als dem anderen hinter dem Heck auszuweichen.

Sichere Wegerechtsstellung: Segeln zwei Boote am Wind auf Backbordbug, dann nimmt das achterlich und in Luv liegende Boot die sichere Wegerechtsstellung ein und ist im Vorteil. Wendet der Vordermann, fährt er auf Steuerbordbug weiter und ist ausweichpflichtig. Liegen beide näher zusammen, kann das vordere Leeboot nach Regel 41/1 erst dann wenden, wenn auch der Luvlieger wendet.

Luvkampf: Das Boot, das in Luv überholt wird, darf durch eigenes Anluven den Überholvorgang des anderen behindern. Das noch voraus liegende Leeboot darf jedoch nur so lange weiter luven, bis der Überholer so weit vorgekommen ist, daß sein Steuermann querab zum Mast des Leebootes sitzt. Der überholende Steuermann ruft dann «Mast querab», und die Leejacht darf nicht mehr höher als ihren richtigen Kurs segeln.

Ausweichregeln für alle Kurse:
1. Zwei Boote auf Kollisionskurs mit verschiedenen Schoten.
Regel 36: Eine Jacht auf Steuerbord-Bug muß sich von einer Jacht auf Backbord-Bug freihalten.
2. Zwei Boote auf Kollisionskurs mit gleichen Schoten.
Regel 37/1: Eine Luv-Jacht muß sich von einer Lee-Jacht freihalten.
Regel 37/2: Eine klar achterausliegende Jacht muß sich von einer klar vorausliegenden Jacht freihalten.
Regel 37/3: Eine Jacht, die von klar achteraus eine Überlappung in Lee herstellt, muß der Luv-Jacht genügend Raum lassen und Gelegenheit geben, sich klar zu halten, und darf nicht höher segeln als ihren richtigen Kurs.

Luven der Wegerecht-Jacht vor dem Start (Regel 40):
Bevor eine Jacht gestartet ist und die Startlinie durchsegelt hat, muß sie jedes Luven, das eine andere Jacht nötigt, den Kurs zu ändern, um eine Berührung zu vermeiden, langsam und in solcher Weise ausführen, daß sie der Luv-Jacht Raum und Gelegenheit gibt, sich freizuhalten; doch darf die Lee-Jacht dann nicht über einen höheren als einen Am-Wind-Kurs luven, es sei denn, der Steuermann der Luv-Jacht (von seinem normalen Platz aus querab peilend) befindet sich hinter dem Hauptmast der Lee-Jacht. Regel 38/3 – Zuruf zwecks Stoppens oder Verhinderns des Luvens – und 38/4 – Beschränkung eines Luvmanövers – sowie 38/5 – Luvkampf gegen zwei oder mehr Jachten – gelten gleichfalls. Beim Heransegeln an die Startlinie ist eine Lee-Jacht nicht verpflichtet, einer Luv-Jacht Raum zum Passieren auf der Leeseite einer von schiffbarem Wasser umgebenen Startbahnmarke zu geben.
Regel 42a: Nach dem Startsignal darf eine Lee-Jacht einer Luv-Jacht nicht an einer solchen Bahnmarke den Raum verwehren. Sie darf als nicht höher ihren richtigen Kurs oder höher als am Wind segeln. Eine zu früh gestartete Jacht, die zurückkehrt (Regel 44), um nochmals ordnungsgemäß zu starten, oder eine Jacht, die sich von der Bahnseite der Startlinie oder ihrer Verlängerung nähert, muß sich, sobald das Startsignal gegeben wird, von allen anderen Jachten, die ordnungsgemäß starten oder gestartet sind, freihalten, bis sie sich völlig im Startvorfeld vor der Startlinie oder ihren Verlängerungen befindet.

Regeln für den Luvkampf (Regel 38):
Wegerecht-Jacht luvt nach dem Start.
1. Luvrechte und Beschränkungen
Nachdem sie gestartet ist und die Startlinie durchsegelt hat, darf eine klar voraus liegende oder eine Lee-Jacht nach Belieben luven – ausgenommen, daß, während eine Überlappung besteht, eine Lee-Jacht nicht höher als ihren richtigen Kurs segeln darf, wenn zu irgendeinem Zeitpunkt der Überlappung der Steuermann der Luv-Jacht (von seinem normalen Platz querab peilend und nicht höher am Wind segelnd als die Lee-Jacht) sich auf gleicher Höhe oder vorlich des Großmastes der Lee-Jacht befunden hat.
2. Überlappungsbeschränkungen
Im Sinne dieser Regel besteht keine Überlappung, es sei denn, die Jachten befinden sich klar innerhalb zweier Längen-über-Alles der längeren Jacht. Eine Überlappung, die zwischen zwei Jachten besteht, wenn die führende Jacht startet oder wenn eine von ihnen oder beide eine Wende oder Halse beenden, ist als eine zu diesem Zeitpunkt beginnende neue Überlappung anzusehen.
3. Zuruf zwecks Stoppens oder Verhinderns des Luvens
Im Zweifelsfall darf die Lee-Jacht annehmen, daß sie ein Luv-Recht hat, wenn nicht der Steuermann der Luv-Jacht «Mast querab» oder Worte gleicher Bedeutung gerufen hat. Die Lee-Jacht muß sich solchem Zuruf beugen; hält sie ihn für unberechtigt, bleibt ihr nur die Möglichkeit des Protestes.
4. Beschränkung eines Luvmanövers
Die Luv-Jacht darf ein Luven nicht wegen Nähe zur Lee-Jacht behindern, es sei denn, ein Hindernis, eine dritte Jacht oder ein anderer Gegenstand schränkt ihre Fähigkeit zu reagieren ein.
5. Luvkamp gegen zwei oder mehr Jachten
Eine Jacht darf nicht luven, wenn sie nicht gegenüber allen Jachten, die durch ihr Luven betroffen werden, das Luv-Recht besitzt; in diesem Falle müssen sich alle danach richten, selbst wenn eine dazwischenliegende Jacht oder Jachten sonst kein Recht zu luven hätten.

Regeln für Wenden und Halsen (Regel 41):
Wenden und Halsen
1. Eine Jacht, die entweder wendet oder halst, muß sich von einer Jacht, die auf einem Backbord- oder Steuerbord-Bug segelt, freihalten.
2. Eine Jacht darf nicht in eine Position wenden oder halsen, die ihr Wegerecht gibt, es sei denn, sie tut dies so weit entfernt von einer Jacht, die auf Backbordbug oder Steuerbordbug segelt, daß diese Jacht, um sich freizuhalten, ihre Kursänderung nicht beginnen muß, bevor die Wende oder Halse beendet worden ist.

3. Eine Jacht, die wendet oder halst, trägt dem Wettfahrtausschuß gegenüber die Beweislast, daß sie ihre Wende oder Halse in Übereinstimmung mit Regel 41/2 beendet hat.
4. Wenn zwei Jachten gleichzeitig wenden oder halsen, so muß sich die an der Backbordseite der anderen befindlichen freihalten.

Regeln für das Runden von Bahnmarken (Regel 42):
Runden oder Passieren von Bahnmarken und Hindernissen
1. Grundregeln betreffs Raumgebens
Wenn Jachten entweder auf dem gleichen Bug oder, nachdem sie gestartet sind und die Startlinie durchsegelt haben, auf entgegengesetztem Bug im Begriff sind, eine Bahnmarke auf der gleichen vorgeschriebenen Seite zu runden oder zu passieren – mit der Ausnahme einer Startbahnmarke, die von schiffbarem Wasser umgeben ist oder einem Hindernis auf derselben Seite –, so gilt folgendes:
a) Bei Überlappung:
(I) Eine außenliegende Jacht muß jeder Jacht, die sie auf ihrer Innenseite (Innenposition) überlappt, Raum zum Runden oder Passieren der Bahnmarke oder des Hindernisses geben – ausgenommen wie vorgesehen in den Regeln 42/1 (a) (III) und (IV) und 42/3. Raum schließt den Platz für eine Wende oder Halse einer überlappenden Jacht ein, wenn eines der beiden integrierender Bestandteil des Runde- oder Passiermanövers ist.
(II) Wenn eine innenliegende Jacht von zwei oder mehr überlappenden Jachten, die entweder auf entgegengesetztem Bug oder ohne Luvrecht auf gleichem Bug liegen, halsen muß, um unmittelbar den richtigen Kurs zur nächsten Bahnmarke aufzunehmen, so muß sie bei erster zumutbarer Gelegenheit halsen.
(III) Wenn zwei Jachten auf entgegengesetztem Bug auf einem Kreuzkurs liegen oder wenn eine von ihnen noch wenden muß, um entweder die Bahnmarke zu runden oder das Hindernis zu vermeiden, so ist zwischen ihnen Regel 42/1 (a) (I) nicht anwendbar, sondern sie unterliegen den Regeln 36 – Grundregel für entgegengesetzten Bug – und 41 – Wenden oder Halsen.
(IV) Eine außenliegende Lee-Jacht mit Luvrechten darf eine innenliegende Jacht auf die Luvseite einer Bandmarke mitnehmen, vorausgesetzt, sie gibt zu diesem Zweck einen Zuruf und fängt an zu luven, ehe sie innerhalb zweier ihrer eigenen Längen von der Bahnmarke ist, und weiter vorausgesetzt, daß auch sie selbst in Luv davon passiert.
b) Im Falle von klar achteraus und klar voraus:
(I) Eine klar achteraus liegende Jacht muß sich vor dem und während des Runde- und Passiermanövers freihalten, wenn die klar vorausliegende Jacht auf demselben Bug bleibt oder halst.

(II) Eine klar voraus liegende Jacht, die wendet, um eine Bahnmarke zu runden, unterliegt Regel 41 – Wenden oder Halsen –; aber eine klar achteraus liegende Jacht darf nicht über am Wind hinaus luven, um die Jacht klar voraus am Wenden zu hindern.

2. Einschränkungen beim Herstellen und Aufrechterhalten einer Überlappung
a) Eine klar achteraus liegende Jacht darf keine Innen-Überlappung herstellen und keinen Raum nach Regel 42/1 verlangen, wenn die klar voraus liegende Jacht (I) nicht mehr als ihre zweifache Länge über alles von der Bahnmarke oder dem Hindernis entfernt ist, ausgenommen wie vorgesehen in den Regeln 42/2 (b) und 42/2 (c), oder (II) außerstande ist, den verlangten Raum zu geben.
b) Die obige Zweilängen-Bestimmung findet keine Anwendung auf Jachten, von denen eine innerhalb zweier ihrer Längen über alles von einer Bahnmarke oder einem Hindernis eine Wende beendet hat.
c) Eine klar achteraus liegende Jacht darf eine Überlappung zwischen der klar voraus liegenden Jacht und einem ständig vorhandenen Hindernis wie einer Küste oder einer Untiefe nur herstellen, wenn sie Raum genug hat, um dies in Sicherheit zu tun.
d) Eine klar voraus liegende Jacht ist nicht verpflichtet, einer klar achteraus liegenden Jacht Raum zu geben, bevor die Überlappung hergestellt ist.

Berühren einer Bahnmarke (Regel 52):
1. Eine Jacht, die entweder (a) eine Berührung mit (I) einer Startbahnmarke vor dem Start; (II) einer Bahnmarke, die einen Bahnschenkel, auf dem die Jacht segelt, beginnt, begrenzt oder beendet; oder (III) einer Zielbahnmarke nach dem Zieldurchgang herbeiführt; oder (b) eine Bahnmarke oder ein Bahnmarken-Fahrzeug zwingt, seine Position zu verändern, um eine Berührung zu vermeiden, muß unverzüglich aufgeben, es sei denn, sie behauptet (I), unrechtmäßigerweise durch eine andere Jacht zu der Berührung oder zum Anlaß des Positionswechsels gemacht worden zu sein, in welchem Falle sie protestieren muß; oder (II) sie entlastet sich in Übereinstimmung mit Regel 52/2.
2 a) Wenn durch den Landesverband oder die Segelanweisungen nicht anders vorgeschrieben, darf eine Jacht, wenn die Bahnmarke von schiffbarem Wasser umgeben ist, ihren Fehler dadurch wiedergutmachen, daß sie die Bahnmarke noch einmal vollständig rundet und sie dabei auf der vorgeschriebenen Seite läßt, wonach sie sie gemäß Regel 51 – Absegeln der Bahn – und den Segelanweisungen abermals runden oder passieren muß, ohne sie zu berühren.
2 b) Berührt eine Jacht (I) eine Startbahnmarke, so muß sie die Umrun-

dung der Marke ausführen, nachdem sie gestartet ist; oder (II) eine Zielbahnmarke, so muß sie die Rundung ausführen und wird nicht eher als durch das Ziel gegangen gelten, bis sie die Rundung beendet hat und abermals die Ziellinie in Übereinstimmung mit der Begriffsbestimmung des Zieldurchgangs durchsegelt.

Zwei volle Kreise schlagen
Eine Jacht, die zugibt, Regel 52 verletzt zu haben, kann sich entlasten, indem sie zwei volle Kreise (720 Grad) wie nachstehend vorgesehen schlägt:
1. Die Jacht, gegen die der Verstoß begangen wurde, muß die schuldige Jacht bei erster Gelegenheit durch Zuruf und Zeigen einer Protestflagge unterrichten.
2. Nach einer solchen Unterrichtung muß die Jacht, die ihr Verschulden zugibt, unverzüglich beginnen, sich von anderen Jachten freizuhalten und, solange sie auf dem gleichen Bahnschenkel liegt, benachbarte Jachten von ihrer Absicht unterrichten und dann ihre zwei Kreise schlagen. Während sie dies ausführt, muß sie sich von allen anderen Jachten freihalten, bis sie ihre Kreise vollendet hat und auf dem richtigen Kurs zur nächsten Bahnmarke liegt.
3. Im Sinne der Anwendung dieser Strafe gilt ein ‹Bahnschenkel› zwei Bootslängen vor der Bahnmarke, die diesen begrenzt, als beendet; ebenso gilt dieser Punkt als Beginn des nächsten Bahnschenkels, außer beim Schlußschenkel, der beendet ist, wenn eine Jacht nicht mehr in der Wettfahrt ist.
4. Die Kreise können in beliebiger, müssen jedoch beide in derselben Richtung ausgeführt werden.
5. Wenn die Verletzung vor dem Startsignal stattfindet, muß die regelverletzende Jacht ihre Kreise nach dem Startsignal, jedoch bevor sie startet, ausführen.
6. Wenn sich eine Regelverletzung an der Ziellinie ereignet, muß die regelverletzende Jacht ihre Kreise auf dem letzten Bahnschenkel ausführen, bevor sie offiziell durch das Ziel geht.
7. Erkennt keine der beteiligten Jachten ein Verschulden an, so kann ein Protest gemäß Regel 68 eingereicht werden.
8. Eine regelverletzende Jacht muß ihre Regelverletzung und ihre daraufhin ergriffenen Maßnahmen dem Wettfahrtausschuß melden.
9. Versäumt es eine Jacht, die eine Regel von Teil IV verletzt hat, den obengenannten Erfordernissen zu genügen, so verfällt sie dem Ausschluß oder einer anderen Strafe.
10. Eine regelverletzende Jacht, die in einen Zusammenstoß (Ramming) mit ernsthafter Beschädigung einer der beteiligten Jachten verwickelt ist, ist auszuschließen.

Anhang

Nationalitäten- und Klassenzeichen

Regatta- und Tourenjachten muß man voneinander unterscheiden können. Deshalb wurden Nationalitäten- und Klassenzeichen eingeführt, wie:
Ω – G 647 = Soling (Omega-Zeichen) aus der BRD-Nr. 647.
Hier einige weitere Beispiele:
D = Drachen
FD = Flying Dutchman
fünfzackiger Stern = Star.
Außerdem befindet sich darunter, daneben oder auch darüber eine Nummer, unter der das Boot in das Jachtregister des Verbandes eingetragen wurde.
Vor dieser Nummer stehen die Kennbuchstaben der Nationalitäten, zum Beispiel:

B = Belgien,
BA = Bahamas,
BL = Brasilien,
CZ = Tschechoslowakei,
D = Dänemark,
E = Spanien,
F = Frankreich,
G = Bundesrepublik Deutschland,
GO = DDR,
GR = Griechenland,
H = Holland,

I = Italien,
IR = Irland,
IS = Israel,
J = Japan,
K = Großbritannien,
KA = Australien,
KC = Kanada,
KH = Hongkong,
KZ = Neuseeland,
L = Finnland,
M = Ungarn,

Nationalitätenzeichen

Belgien 11 und Holland I vor BRD-6 1512 und Schweiz-Z 338

N = Norwegen,
OE = Österreich,
PZ = Polen,
S = Schweden,
SA = Südafrika,

SR = UdSSR,
US = USA,
Y = Jugoslawien,
Z = Schweiz
etc.

Lichterführung auf Sportsegelbooten

Sportboote müssen je nach Verordnung folgende Lichter führen:

Bootstyp	BinSchStrO	SeeSchStrO	SeeStrO
Kleine Ruderboote unter Ruder oder Segel (Abb. 1)	Kleinfahrzeuge (Boote unter 15 t Verdrängung) unter Ruder oder Segel ein festes Rundumlicht (1 km). Segelboote müssen ein zweites Licht bei Annäherung zeigen. Segelboote über 15 t Verdrängung: Hecklicht (1 km) und Seitenlichter (1 oder 2 km)	Weißes Rundumlicht (2 sm). Wenn es die Bauart zuläßt, fest angebracht	weißes Licht zum Zeigen bereithalten
Segelboote bis 12,20 m (Abb. 2)		Seitenlichter oder doppelfarbige Laterne (2 sm) und Hecklicht (2 sm)	Seitenlichter (1 sm) oder doppelfarbige Laterne und Hecklicht (2 sm). Erlaubt für Segelboote: zusätzlich 2 Topplichter (rot) über grün, (2 sm).
Segelboote über 12,20 m	siehe oben	Seitenlichter oder doppelfarbige Laterne (2 sm) bis 19,80 m Länge. Hecklicht (2 sm)	Hecklicht und Seitenlichter (2 sm). Keine doppelfarbige Laterne

Tageszeichen und Schallsignale

Tageszeichen

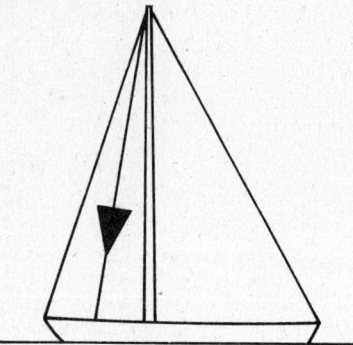

schwarzer Spitzkegel:
Segler mit Motorkraft und Segel fahrend

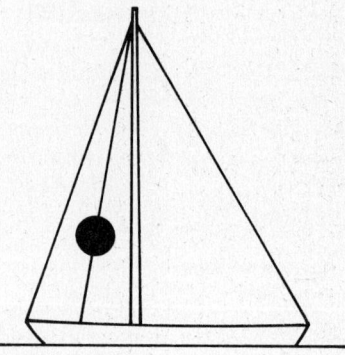

schwarzer Ball:
Ankerball = Motor- oder Segeljacht vor Anker

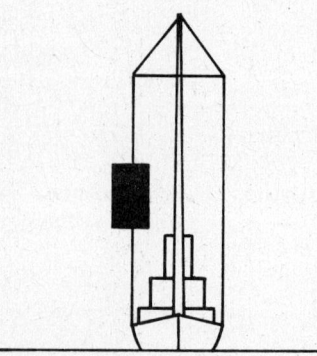

schwarzer Zylinder:
Wegrechts-Schiff (Fähre etc.) auf Seeschiffahrtstraßen

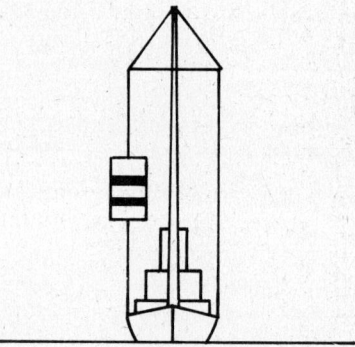

gelber Zylinder mit zwei schwarzen Ringen:
Schleppzug auf Binnenschiffahrtstraßen

Schallsignale für Binnenschiffahrtstraßen
▬ 1 langer Ton: «Achtung»
■ 1 kurzer Ton: «Ich richte meinen Kurs nach Steuerbord»
■ ■ 2 kurze Töne: «Ich richte meinen Kurs nach Backbord»
■ ■ ■ 3 kurze Töne: «Meine Maschine geht rückwärts»
■ ■ ■ ■ 4 kurze Töne: «Ich bin manövrierunfähig»
■■■■■■ ... Folge sehr kurzer Töne: «Gefahr eines Zusammenstoßes»
▬ ▬ ... Wiederholte lange Töne oder Gruppen von Glockenschlägen: «Notsignal»

«Kurzer Ton» ist ein Ton von etwa 1 Sekunde Dauer.
«Langer Ton» ist ein Ton von etwa 4 Sekunden Dauer.
«Folge sehr kurzer Töne» ist Folge von mindestens 6 Tönen, je von etwa $1/4$ Sekunde Dauer.

Eine wichtige Gruppe von Schallzeichen, die der Sportbootfahrer wohl am häufigsten hört, sind die Schallzeichen der Fahrzeuge der Großschiffahrt für das Wenden über Backbord oder über Steuerbord:
▬ ■ 1 langer Ton, 1 kurzer Ton: «Ich wende über Steuerbord»
▬ ■ ■ 1 langer, 2 kurze Töne: «Ich wende über Backbord»

Schallsignale für Seeschiffahrtstraßen
▬ 1 langer Ton: «Achtung»
■ 1 kurzer Ton: «Ich ändere meinen Kurs nach Steuerbord»
■ ■ 2 kurze Töne: «Ich ändere meinen Kurs nach Backbord»
■ ■ ■ 3 kurze Töne: «Meine Maschine geht rückwärts»
▬ ■ ■ ■ ■ 2 Gruppen von jeweils einem langen und vier kurzen Tönen: «Fahrzeug wird durch ein sich näherndes Fahrzeug gefährdet oder das eigene Fahrzeug gefährdet ein anderes»

Bei Nebel und unsichtigem Wetter
▬ 1 langer Ton mit der Pfeife: «Maschinenfahrzeug macht Fahrt durchs Wasser»
▬ ▬ 2 lange Töne mit der Pfeife: «Maschinenfahrzeug in Fahrt, das seine Maschine gestoppt hat und keine Fahrt durchs Wasser macht»
▬ 1 Ton mit Nebelhorn: «Segelfahrzeug in Fahrt mit Wind von Steuerbord»
▬ ▬ 2 Töne mit dem Nebelhorn: «Segelfahrzeug in Fahrt mit Wind von Backbord»
▬ ▬ ▬ 3 Töne mit dem Nebelhorn: «Segelfahrzeug in Fahrt mit Wind von achterlicher als querab»
Wenn Nebelhorn nicht vorhanden, irgendein anderes kräftiges Schallsignal: «Fahrzeug von weniger als 12,20 m Länge»

Glossar

abdecken anderen mit der eigenen Segelfläche den Wind nehmen

Abdrift (auch Abtrift) das seitliche Abtreiben eines Segelbootes durch den Wind

abfallen nach Lee wegdrehen, also: Kursänderung vom Wind weg bis zum Beginn des Halsens (Gegenteil: anluven)

ablandig wenn der Wind vom Land hinaus auf das Wasser weht (Gegenteil: auflandig)

abreiten einen Sturm vor Anker oder Treibanker liegend bzw. beiliegend überstehen

Abwind der durch ein Segel abgelenkte Wind

achteraus alles, was hinter einem Boot liegt (Gegenteil: voraus)

Achterholer Bezeichnung für die luvseitige Schot des Spinnakers

Achterleine Festmacherleine am Heck eines Bootes

Achterliek die hintere Kante eines Segels

achtern alles, was an Bord eines Bootes hinten ist

Achterstag Drahttau (Stag), was von der Mastspitze zum Heck verläuft und den Mast von hinten hält

Admirals Cup ein 1957 gestifteter Preis für Hochseejachten, benannt nach Admiral Sir Miles Wyatt vom renommierten Royal Ocean Racing Club

Ankerflunke der Teil des Ankers, der sich in den Grund gräbt

Anker lichten Heraufholen des Ankers, um wieder abzulegen, auch ‹ankeraufgehen› genannt

anlegen an einer Pier, einer Landungsbrücke oder längsseits an einem anderen Schiff festmachen

anliegen 1. Kurs liegt an, wenn der zu steuernde Kompaßkurs richtig gehalten wird, 2. ein Ziel kann man anliegen, wenn man direkt auf dasselbe zuhalten kann

anluven höher an den Wind gehen, den Kurs in einen spitzeren Winkel zur Windrichtung legen (Gegenteil: abfallen)

anschäkeln eine Kette, Drahtseil usw. durch Schäkel mit einem festen Gegenstand verbinden

anschlagen ein Segel an einer Spiere, eine Leine an einem zu hievenden Gegenstand befestigen

anstecken Leinen durch Knoten miteinander verbinden

auflandig der Wind, der von See auf das Land weht (Gegenteil: ablandig)

aufriggen siehe auftakeln

Aufschießer 1. in den Wind gehen, um die Fahrt aus dem Schiff zu nehmen; 2. eine Leine in regelmäßigen Buchten ordnungsgemäß zusammenlegen

auftakeln (mod.: aufriggen) Masten an Bord aufrichten, Spieren, Wanten und Stagen anbringen, das laufende Gut einscheren, so daß das Schiff seeklar ist

Auftrieb die Kraft, die das Schwimmen eines Körpers bewirkt oder ihn aus dem Wasser

hebt. Statischer Auftrieb ist vorhanden, wenn das spezifische Gewicht eines Körpers – des ganzen, nicht seines Baumaterials – kleiner ist als das des Wassers
auftuchen das ordentliche Zusammenlegen der geborgenen Segel
ausreiten das mehr oder weniger starke Außenbordsetzen des Steuermanns bzw. der Mannschaft, um ein Boot bei viel Wind möglichst aufrecht segeln zu können. Je stärker der Wind ist, desto stärker muß man ausreiten, d. h. außenbords hängen
ausscheren 1. unabsichtliches oder absichtliches Abweichen mit einem Boot vom Kurs (gieren); 2. ein durch einen Block oder ein Auge laufendes Ende herausziehen (Gegenteil: einscheren); 3. das Verlassen der Marschposition eines Schiffes beim Fahren im Verband
außenbords alles, was sich außerhalb des Schiffes befindet

Babystag auf manchen Jachten ein zusätzliches kürzeres Vorstag
backbord in Fahrtrichtung gesehen die linke Seite eines Bootes; andere Seite: steuerbord
Backbordbug wenn die Segel auf der Backbordseite stehen (also links) und der Wind von steuerbord einfällt, segelt man auf B. (Gegenteil: Steuerbordbug)
backholen auf Jachten ein Segel (zumeist ein Vorsegel) so stellen, daß der Wind in die eigentliche Leeseite des Segels einfällt
Backstag bewegliches Stag zum Abstützen des Mastes schräg nach hinten, jeweils auf stb. und bb.
Bahnmarke beim Wettsegeln die Bojen, die die Bahn markieren
Ballast Gewicht unter dem Kiel einer Jacht zur Vergrößerung der Stabilität (Gewichtsstabilität), meistens aus Gußeisen oder Blei
Ballon ein leichtes Vorsegel, das besonders für Raumschotskurs und leichteren Wind geeignet ist (Genua-Fock, Reacher)
Bändsel ein dünnes Stück Tauwerk
Baum 1. (allgemein) ein Stück Rundholz, eine Spiere, z. B. Ladebaum bei einem Frachtschiff; 2. (speziell) eine Spiere aus Holz, Kunststoff oder Aluminium, die das Unterliek eines Segels hält (z. B. Großbaum)
Baumfock Stagfock, die an ihrer Unterkante wie ein Großsegel einen Baum führt
beiliegen Zustand nach dem Beidrehen
Beschläge aus Metall oder Kunststoff bestehende Bauteile, die etwas verbinden bzw. verstärken, sowie Zubehörteile wie Klampen, Klemmen, Klüsen usw.
Bindereff Reffeinrichtung, bei der das Verkleinern der Segelfläche durch Zusammenraffen des Segeltuchs und Festbinden geschieht
Block besteht aus einem Gehäuse und einer Rolle (Holz, Metall

oder Kunststoff); durch ihn läuft eine Leine, um die Zugrichtung zu verändern
Bö plötzlicher, kurzzeitiger Windstoß
Bodenwrangen Querverbände am Schiffsboden
Bootsmannsstuhl Sitzbrett zum Hochziehen eines Mannes in die Takelage
Bord Variante für Brett; seemännische Bezeichnung für die Schiffsplanken und für das Schiff selbst
Bucht 1. zurückspringendes Küstenstück; 2. Schleife am Tau (eine Leine, eine Kette in Buchten legen)
Bug vorderster Teil eines Schiffes (Gegenteil: Heck)
Buganker der Anker für den normalen Gebrauch
Bugkorb eine feste Reling aus Rohrgestänge am Bug einer Fahrtenjacht
Bugwelle das Wasser, das ein Fahrt voraus machendes Schiff vorn aufwirft

Charter/chartern das Mieten eines Schiffes durch Kontrakt zwischen Reederei (Eigner) und Befrachter (Sportsegler)
Cockpit Sitzraum für Mannschaft in einem Boot; anderer Ausdruck: ‹Plicht›
Crew Besatzung bzw. Mannschaft eines Bootes
Cunningham-Hole Einrichtung zur Spannung des Großsegel-Vorlieks. 10 bis 20 cm über der Kausch des Segelhalses ist eine weitere Kausch (Cunningham-Kausch) eingenäht, durch die eine Talje läuft, die vom Cockpit aus zu bedienen ist
Curry-Klemme Schotklemme

Dalben Pfahlgruppe aus gegeneinander geneigten starken Pfählen zum Festmachen von Schiffen
Diagonal-Karweel-Bauweise Beplankungsart hochbeanspruchter Holzboote; die Planken sind doppelt gelegt und schneiden sich in einem Winkel von 45 Grad
Diamonds der Saling ähnliche Spreizen am Mast quer zur Fahrtrichtung (bzw. bis etwa 20 Grad nach vorn weisend); sie befinden sich außerhalb der Saling
dichtholen ein Ende bzw. eine Schot nahe heranholen (Gegenteil: fieren)
Dirk ein Tauende, das von der Mastspitze zur Nock des Großbaumes verläuft und somit bei geborgenem Segel den Baum tragen kann
Dreieckskurs der übliche, durch drei Bahnmarken gekennzeichnete Kurs bei einer Wettfahrt (olympischer Kurs)
Ducht Ruderbank; Sitzbank in einem kleineren offenen Boot; sie kann quer oder längs angeordnet sein
Düsenwirkung zwischen Fock und Großsegel entsteht ein beschleunigter Luftstrom hinter dem Großsegel (Düseneffekt), der den saugenden Unterdruck verstärkt und damit die Wirk-

samkeit des Großsegels erhöht
dwars soviel wie querab; Richtung rechtwinklig vom Boot aus

Echolot elektroakustische Anlage zur Messung der Wassertiefe
einlieken das Einziehen des Segels in die Mast-Nut
einpicken einhaken
einschäkeln das Verbinden zweier Takelungselemente, eines Blokkes mit einem Beschlag usw. mittels eines Schäkels
Epoxidharz Kunststoff, der im modernen Bootsbau Verwendung findet

Fahrtensegeln neben dem allgemeinen Freizeit- und Regattasegeln ein Bereich des Segelsports, der sich auf See-, Küsten- oder Binnenrevieren abspielt
Fall Tau (auch Drahttauwerk) zum Heißen eines Segels; je nach Segel spricht man von Groß- und Fockfall etc.
Fender eine Art Kissen zum Schutz der Außenhaut eines Schiffes bei Berührung mit Nachbarbooten oder der Kaimauer
fieren einem Ende lose geben (Gegenteil: dichtholen)
Fock kleines dreieckiges Vorsegel
Fockroller Vorrichtung, die das Vorsegel um das Vorstag aufrollt
Fockschot Schot zum Bedienen der Fock

geigen Schaukeln des Bootes um die Längsachse (rollen)
Genua-Fock eine große, den Mast weit überlappende Fock
GFK Abkürzung für «glasfaserverstärkter Kunststoff»
gieren Ausscheren eines Bootes aus dem Kurs, hauptsächlich bei von achtern auflaufenden Wellen
Großbaum Spiere, an der das Großsegel mit seinem Unterliek angeschlagen ist
Großschot eine Talje (Schot), mit der das Großsegel bedient wird
Großsegel am Großmast gefahrenes Segel, auch Hauptsegel genannt
Grundgeschirr alles, was dazugehört, ein Schiff auf Grund zu verankern

halber Wind Wind, der von querab einkommt
Halse Wechseln der Windseite, in dem man auf Vor-Wind-Kurs mit dem Heck durch den Wind dreht
Handauflegeverfahren Kunststoffbauweise im Handbetrieb
Havarie Schäden, die durch Sturm, Kollision, Grundberührung, Abnutzung oder eigenes Verschulden an einem Schiff entstehen, nennt man H.
Heck der hinterste Teil eines Schiffes (Gegenteil: Bug)
Heißauge fest in den Hauptverbänden eines Bootes verankerte Augbolzen für die Kranhaken bzw. Davit- oder Bootstaljen zum Hochholen eines Bootes
heißen/hissen Hochziehen, hochholen eines Segels, einer Flagge usw.
Helling Schräge, Abhang. Schiffs-

bauplatz mit einer zum Wasser hin geneigten Ebene

Holebug beim Kreuzen liegt das Ziel meistens nicht genau in der Richtung, aus welcher der Wind weht. Dann ergeben sich lange Schläge, die das Schiff dem Ziel näher bringen, und ungünstigere kurze, auf denen wieder Höhe gewonnen werden muß. Die letzteren bezeichnet man als Holebug, die langen Schläge als Streckbug

holen ziehen, z. B. dichtholen (Gegensatz: fieren)

Holepunkt Punkt für die zweckmäßigste Zugrichtung einer Schot

Hubkiel ein ähnlich dem Schwert aufholbarer Ballastkiel (Kielboot)

Hydrodynamik die Mechanik der Flüssigkeiten, Teilgebiet der Strömungslehre

Jacht siehe Yacht

Jolle ein kleines offenes Boot, speziell ein Schwertboot im Gegensatz zum Kielboot

Jollenkreuzer eine größere Jolle, die mit einem Kajütaufbau versehen ist und deswegen auch für Fahrten geeignet ist

kabbelig unregelmäßige, durcheinanderlaufende kurze Wellen

kappen durchschneiden, durchhauen eines Endes

Kardeel einzelne Bestandteile des Fasertauwerks

Kat (Cat) Takelungsart, bei der nur ein Großsegel gefahren wird

Kausch eine ring- oder herzförmige Stahlblech-, Messing-, Bronze- oder Kunststoffverstärkung (Einlage) für ein Auge

kentern das Umkippen eines formstabilen Schiffes nach Überschreiten des Kenterpunktes, wonach es sich nicht wieder von allein aufrichtet

Kielschwein ein innen auf dem Kiel liegender Verstärkungsbalken

killen flattern der Segel

kinken verdrehen einer Leine

Klampe Haken zum Belegen von Tauwerk

Klinker-Bauweise Bauweise bei Vollholzbooten, bei der die einzelnen Planken dachziegelartig überlappen

Kollision Zusammenstoß

Kopf die oberste Ecke eines Segels; dort wird auch das Fall angeschäkelt

Kopfbrett eine kleine Verstärkung aus Leichtmetall oder Kunststoff am Kopf eines Segels

Kopfschlag der letzte Schlag beim Belegen einer Leine an einer Klampe; er verhindert das Lösen des Tampens

Krängung Neigung eines Bootes nach der Seite bzw. Schräglage

kreuzen auf Zickzackkurs gegen die Windrichtung segeln. Die einzelnen Teilkurse hoch am Wind heißen Kreuzschläge, der Kurswechsel mit dem Bug durch den Wind heißt Wende

Kurs die Richtung, die ein Schiff steuert

Lateralplan die Fläche des Mittellängsschnittes durch das Unter-

wasserschiff
Lateralschwerpunkt der Flächenschwerpunkt des Lateralplanes
Latten dünne elastische Brettchen
Lattentasche die längliche Tasche zum Achterliek eines Großsegels, in die die Segellatte gesteckt wird.
laufendes Gut alles über Blöcke oder Leitösen laufendes Tauwerk an Bord, alle Fallen und Schoten (Gegenteil: stehendes Gut)
Leck ein Loch oder eine Undichtigkeit im Boot
Lee die dem Wind abgekehrte Seite
Leitblock ein Block, der die Zugrichtung einer Leine umlenkt, z. B. der Fockschot
lenzen ein Boot leerpumpen oder ausschöpfen
Liek die Kanten eines Segels
Logbuch Schiffstagebuch
loten Messen der Wassertiefe mit Hilfe eines Hand- oder Echolots
Lümmellager Verbindungsgelenk zwischen Mast und Baum
Luv die dem Wind zugekehrte Seite; die Richtung, aus der der Wind kommt

Mast Hauptbestandteil jedes Riggs
Mastfall die mehr oder weniger starke Neigung des Mastes in Längsschiffrichtung
Mastfuß das unterste Ende eines Mastes, mit dem er an Bord steht
Mastkontroller (auch Mastbiegungskontroller) bei manchen Bootstypen erlaubter Beschlag am Mast (in Deckshöhe), der die Möglichkeit gibt, die Flexibilität des Mastes zu kontrollieren bzw. zu beeinflussen
Mastspur längliche Vertiefung im Kielschwein oder ein Beschlag, der den Mastfuß hält und zugleich eine Versetzung des Mastes in der Schiffslängsrichtung gestattet
Masttopp die Spitze eines Mastes
Meßbrief Papier mit den eingetragenen Meßdaten und Gültigkeitsstempel, das für jedes bei Regatten startende Boot vorhanden sein muß
mittschiffs in der Mitte des Schiffes
Nahezu-Aufschießer Aufschießer nicht genau gegen den Wind
Nahtspant spezielle Bauart bei der Karweelbauweise. Die Nähte der nebeneinander liegenden Planken werden innen mit längslaufenden lattenähnlichen Nahtstreifen (Nahtspanten) überdeckt
Naßanzug Taucheranzug für Segler
Neerstrom Gegenströmung, die in strömenden Gewässern in Buchten entsteht oder zwischen Uferhindernissen (Buhnen)
Niederhalter Niederholer, Baumniederholer; Talje zum Niederhalten des Großbaumes bei achterlichen Winden
Nock das Ende einer Spiere an Bord (z. B. Großbaumnock)

ösen von einem Boot Wasser ausschöpfen

Palstek Knoten, mit dem man ein Auge erhält, das sich nicht zusammenziehen kann, z. B. Festmachen der Vorleine an einem Poller

Pardun eine Verstagung des Mastes nach der Seite achterlich von den Wanten

Part Teilstück einer Talje

Patentreff Einrichtung zum Reffen, bei welcher das Verkleinern der Segelfläche durch Aufwikkeln um den Großbaum geschieht; der Baum wird dabei mittels einer Kurbel gedreht (Gegenteil: Bindereff)

Plicht der im Verhältnis zum Deck vertiefte Sitzraum für die Mannschaft in einem Boot, auch Cockpit genannt

Poller kurzer Pfahl bzw. kurze dicke Stahlrohre als Festmachevorrichtung

Profil-Stag ein neues System zum Einlieken der Fock am Vorstag einer Jacht; flache Profilstange, die über das Vorstag geklemmt wird

Püttings Beschläge, die den Wantenzug auf den Schiffskörper übertragen

querab seitlich im rechten Winkel zur Schiffslängsachse (dwars)

Querkraft 1. die quer zur Schiffslängsachse wirkende Komponente der auf ein Segel wirkenden Windkraft. Die in Schiffslängsrichtung wirkende Komponente wird als Vortrieb bezeichnet; 2. die in biegebeanspruchten Querschnitten senkrecht zur Stabachse hervorgerufene Schubkraft

Querstabilität Stabilität eines Bootes, die für das Wiederaufrichtungsvermögen nach Krängung zuständig ist; abhängig von der Breite des Rumpfes und der Lage des Gewichtsschwerpunktes

Ramming Kollision, Zusammenstoß

Raum beim Segeln (bes. bei Wettfahrten) üblicher Zuruf, um auf die eigene Vorfahrt hinzuweisen

raumen günstige Winddrehung, wobei der Wind etwas mehr achterlich einfällt (Gegenteil: schralen)

raumer Wind wenn der Wind achterlicher als «querab» ins Segel fällt (auch raumschots)

Reacher-F eine Genua-Fock mit hochgezogenem Schothorn

Reck Ausdehnung von Tauwerk oder Segeltuch durch ständige Belastung

Reff Einrichtung zum Verkleinern der Segelfläche durch ein Bindereff oder Patentreff

Reitbalken ein quer über das Cockpit laufender Balken, unter dem man zum ‹Ausreiten› mit den Füßen Halt sucht

Reling eine Art Geländer rund um das Deck eines Bootes

Rigg moderner Begriff für Takelage (Aufriggen)

Rollen blockähnliche Scheiben, über die Leinen und Schoten laufen

rollen (schlingern) Bewegung eines Bootes bei Seegang um die Schiffslängsachse

Roring Ring am Anker, an dem Kette oder Trosse befestigt werden

Roringstek Knoten zum Festmachen einer Leine an einem Ring

Roving Glasseidenstrang, in dem endlose Fäden parallel beieinander liegen; Verstärkungsmaterial für den Bootsbau aus GFK

Ruderblatt der Teil der Rudereinrichtung am Heck, der im Wasser ist und durch seinen Anstellwinkel die Kursänderung bewirkt

Rudereinrichtung heute steuert man mit einem Heckruder, das aus dem Ruderblatt, dem Ruderschaft, dem Ruderkopf, der Ruderpinne besteht; bei Senkrudern kommt noch ein Ruderfall (bzw. ein Auf- und Niederholer) dazu

Rumpf der Schiffskörper ohne Takelage etc.

Rundholz Sammelbegriff für Masten

Rundspant die normale geschwungene Spantform eines Schiffes (Gegenteil: Knickspant)

Rundtörn das Herumlegen eines Endes um einen Gegenstand um 360 Grad

Safe-Leine Sicherheitsleine, die am Schiff befestigt wird

Saling die am Mast quer beidseitig angebrachte kurze Spiere, die die vom Masttopp herabführenden Wanten abspreizt, um eine bessere Mastverspannung zu bewirken

Segeln das moderne und heute verbreiteste Segel ist das dreieckige Hochsegel (drei Ecken: Kopf, Hals, Schothorn; drei Seiten: Vorliek, Unterliek, Achterliek)

Segellatten (auch Spreizlatten) dünne Latten aus biegsamem Holz oder Kunststoff, die in die Lattentaschen gesteckt werden

Segelschwerpunkt (auch Segeldruckpunkt) der Punkt in der Besegelung, in dem man sich den Angriff aller Windkraft konzentriert vorstellen kann; seine richtige Lage im Verhältnis zum Lateralschwerpunkt ist für den Trimm eines Bootes von Bedeutung

Senkschwert im Gegensatz zum Steckschwert ein drehbar gelagertes Schwert bei Jollen

setzen mit Hilfe des Falls Segel setzen

Skipper Kapitän oder verantwortlicher Schiffsführer

Slip schiefe Ebene mit Schienen und Rollschlitten, auf welchen Schiffe aus dem Wasser geholt und zu Wasser gebracht werden können

slippen/schlippen (auf- bzw. abslippen) ein Boot auf einem Slip aus dem Wasser holen oder zu Wasser bringen

Sliphaken Schlepphaken, der durch den Schlepperführer von der Brücke aus auch unter Last geöffnet (geslipt) werden kann

Slipstek ein Knoten, der durch Ziehen an seiner schleifenartigen Verbindung sofort gelöst werden kann

Slipwagen fahrbares Gestell auf

Schienen zum Aufslippen von Jachten, Booten und kleineren Wasserfahrzeugen aller Art

Spannschraube Schraubenvorrichtung zum Verkürzen (Spannen) von Teilen des stehenden Guters (Wanten und Stagen)

Spant rippenartige Querschiffsverbände, die dem Schiffskörper seine Form geben und auf denen die Außenhaut befestigt ist. Spanten, die längsschiffs verlaufen, heißen Längsspanten, Rundspant und Knickspant kennzeichnen die Querschnittsform eines Schiffes

Spiere jede Art von Rundholz

Spinnaker ein sehr leichtes, meist buntes Ballonsegel als Beisegel für Kurse mit raumem und achterlichem Wind

Spinnaker-Baum Spiere aus Holz oder Aluminium zum Ausbaumen des Spinnakers nach der Luvseite

Spleiß/spleißen haltbare, dauerhafte Verbindung von Tauwerk durch Verflechten der einzelnen Kardeele miteinander

Spring bei einem längsseits liegenden Boot die zu Vor- und Achterleine zusätzliche Festmacherleinen, die ein Hin- und Herbewegen in Längsrichtung verhindern

Schaft Träger des Ruderblattes

Schäkel U-förmiger Stahlbügel mit Schließbolzen

Schandeck (auch Schandeckel) die äußerste Decksplanke, die über den Spanten abschließt und die Oberkante der Außenhaut abdeckt

Schanzkleid feste Bordwandverlängerung rund um das Deck

schiften das Übernehmen der Segel vor dem Wind auf die andere Seite; beim stehenden Spinnaker Seitenwechsel des Spinnaker-Baumes

Schot einfach oder als Talje geschorene Leine des laufenden Gutes, mit der man ein Segel in die richtige Stellung zum Wind bringt

Schothorn hintere untere Ecke eines Segels

Schotklemme Klemmvorrichtung, die eine Schot festhält und sich durch Zug wieder lösen läßt

schralen drehen des Windes, so daß er mehr von vorn einfällt (Gegensatz: raumen)

Schrat schräg

schricken eine auf Kraft stehende Leine (Schot) etwas auffieren; eine Schot ganz leicht fieren und wieder festhalten nennt man einen ‹Schrick› in die Schot geben

Schwertboot dasselbe wie Jolle; kleineres, formstabiles, kenterbares Segelboot mit aufholbarem Schwert

Schwertkasten schmaler Kasten, der auf dem Schwertschlitz einer Jolle steht

Stag die Drähte des stehenden Gutes, die den Mast nach vorn und ggf. nach achtern abstützen (Vorstag, Achterstag, Backstagen)

Stagreiter kleine Haken am Vorliek

Stagsegel Segel, das an einem Stag gefahren wird (in der Regel mit losem Unterliek)

Stander Dreiecksflagge

Steckschwert nur bei sehr kleinen Jollen übliche Art der Schwertführung, bei der das Schwert nur in den Schwertkasten gesteckt wird; es schwenkt nicht hoch wie das Senkschwert

stehendes Gut Drahttauwerk der Takelage, das den Mast abstützt und im wesentlichen stehenbleibt. Wanten und Stage (Gegenteil: laufendes Gut)

Stek Knoten (Palstek, Stopperstek, Schotstek, Webeleinstek, Kreukknoten)

Steuerbord die rechte Seite in Bugrichtung gesehen

Steuerbordbug man segelt auf S., wenn der Bug stb. vom einfallenden Wind liegt, d. h. der Wind fällt von Bb. ein, die Segel stehen auf der Steuerbordseite (Gegenteil: Backbordbug)

Steven vorderer und hinterer Abschluß eines Bootsrumpfes (Vorsteven, Achtersteven)

Streckbug beim Kreuzen der Bug, bei dem man sich dem Ziel mehr nähert (im Gegenteil zum Holebug)

Strecktalje Talje zum Niederholen und Vorliekstrecken

straken Kurvenverlauf, Verlauf der Schiffslinien

Stringer Versteifung eines Rumpfes in Längsrichtung

Stropp aus Tauwerk hergestellter, in sich geschlossener Ring

Stützruder Gegenruder

surfen besondere Segeltechnik bei entsprechenden starken von achtern auflaufenden Wellen. Eine Welle hebt das Boot leicht an und schiebt sich darunter. Man versucht dabei, sich möglichst lange auf dem Wellenkamm mit Wellengeschwindigkeit nach vorn schieben zu lassen

Takelage alles, was zum stehenden Mast eines Bootes gehört (Masten, Spieren, stehendes und laufendes Gut, Tauwerk, Blöcke und Beschläge)

Takelung die Art und Weise, wie ein Boot getakelt ist (Kat, Slup, Yawl, Ketsch, Bark, Brigg, Vollschiff usw.; der moderne Ausdruck für T. ist Rigg

Talje eine Kombination von Blöcken, durch die Tauwerk läuft (Flaschenzugsystem)

Takling die Sicherung eines Tampens vor dem Ausfransen

Tampen das Ende einer Leine

Tauwerk seemännische Bezeichnung für Seil oder Strick

terrestrische Navigation Navigation im Küstenbereich, die mit Hilfe von festen peilbaren Punkten an Land bzw. von Seezeichen betrieben wird

Tide Gezeiten

Tonner-Jachten Jachten, die auf ein vorgegebenes Rating (Rennwert) zugeschnitten sind

Toppnant Aufholer für den Spinnaker-Baum; ferner eine Leine, die von der Nock einer Rah aufwärts zum Mast läuft

Topp und Takel Mast und Spieren ohne jedes Segel

Törn Segelfahrt

Trailer Bootsanhänger

Trapez Hilfsmittel, um vorwie-

gend leichte Gleitjollen auch bei stärkerem Wind möglichst aufrecht segeln zu können. Es besteht aus:
a) Trapezgürtel für den Vorschoter (Hüftgürtel bzw. eine Art Hose mit einem offenen Haken auf der Vorderseite)
b) je einem Stahldraht, der vom Wantbeschlag am Mast auf der Bb.- und Stb.-Seite herunterzieht und in einen Ring ausläuft. Ein Gummistropp hält die Trapezdrähte unter Spannung. Der Vorschoter kann sich gestreckt ganz außenbords stellen

Traveller eine auf dem quer über das Cockpit verlaufenden Reitbalken eines Regattabootes montierte Schiene. Darin ist auf einem Schlitten der Großschotfußblick befestigt und kann nach Luv und Lee gleiten und fixiert werden. Auf Jollen erfolgt das in der Regel durch zwei Leinen, die auf dem Seitendeck mit Curry-Klemmen belegt werden

Trimaran Dreirumpfboot

Trimm ausgewogene Schwimmlage in Längsrichtung; allgemein: Boot so herrichten und beeinflussen, daß es optimal läuft

Trosse starkes Tauwerk (z. B. Schlepptrosse)

überlappen Begriff aus dem Wettsegeln. Ein Boot überlappt das andere, wenn keines klar achteraus (bzw. klar voraus) liegt, d. h. wenn der Rumpf oder Ausrüstung des einen Bootes eine angenommene Linie des anderen, die querab zum achterlichsten Punkt verläuft, schneidet

über Stag gehen mit dem Bug (Vorstag) durch den Wind drehen (wenden)

Untiefe eine Stelle im Fahrwasser, die wegen ihrer geringen Tiefe Schiffen gefährlich werden kann

Verklicker Drehvorrichtung für einen Stander am Masttopp zur Windrichtungsanzeige

vertörnen verdrehen (Törn, Rundtörn)

voraus alles, was in Bugrichtung weiter vorn als dwars liegt

Vorschoter auf Zweimann-Booten derjenige, der nicht steuert, der die Vorschot (Fock) bedient, den Spinnaker fährt und ggf. ins Trapez steigt

wahrer Kurs rechtweisender Kurs, sofern keine Abdrift und kein Strom besteht

wahrer Wind an Land spürt man den w. W., wie er aus seiner wahren Richtung weht. Am fahrenden Segelboot hat man es mit dem scheinbaren Wind zu tun, der Komponente aus w. W. und Fahrtwind

Want Verspannung des Mastes nach den Seiten; kleine Boote haben je 1 W., größere mehrere (Ober- und Unterwanten)

Wantenspanner Spannschrauben, womit die Wanten am Pütting befestigt sind

Winsch Seilwinde

Webeleinstek Knoten, mit dem die Webeleinen am Want befe-

stigt werden
Wegerecht die Ordnung, die die Ausweichpflicht der Schiffe regelt

Yacht (Jacht) Sportfahrzeug
Yardstick Engl. Maßstab, auch «Langstone-System» (1969 in der BRD eingeführt), 1951 von dem Engländer S. Zillwood Milledge erfunden. Eine Handikap-Methode, bei der alle Arten von Booten gegeneinander antreten können. Dieses System beruht auf empirisch ermittelten Meßzahlen.
Dabei wird die von jedem Boot von Start bis Ziel gesegelte Zeit auf Grund dieser Meßzahlen nach einer bestimmten Formel in die berechneten Zeiten umgerechnet und nach denen dann bewertet. Diese Umrechnungsarbeit ist zu umgehen mit Hilfe der sog. Langstone-Ausgleichstafeln. Die Meßzahlen sind in 3 Gruppen unterteilt: endgültige, vorläufige und Yardstick-Probezahlen

Zeising ein Stück Segeltuchstreifen oder Tauwerk zum Zusammenbinden von aufgetuchten Segeln
zurren zusammenschnüren (zusammenbinden)

Literaturhinweise

Die folgenden Titel sind eine Auswahl einiger auf dem Buchmarkt erhältlicher Fachbücher.

Bandtlow, Klaus: Medizin an Bord. – Bielefeld: Delius, Klasing 1975.

Bark, Axel: Segelführerschein BR Revierfahrt. – Bielefeld: Delius, Klasing 1973.

–: Ausrüstung und Zubehör. – Herford: Busse 1973.

–: Die kleine Bootspraxis. – Herford: Busse 1971.

Claviez, Wolfram: Seemännisches Wörterbuch. – Bielefeld: Delius, Klasing 1973.

Cotter, Edward F.: Katamarane, Trimarane, Auslegerboote. – Bielefeld: Delius, Klasing 1972.

Denk, Roland: Das große Handbuch des Segelns. – München: BLV 1976.

–: Segeln. Klar zum A-Schein. München: BLV 1975.

–: Segelschein A in Frage und Antwort. – München: BLV 1975.

–: Segelsport-Lexikon. – München: BLV 1974.

Drümecker, Walter: Bau Dein Boot selbst. – Bielefeld: Delius, Klasing 1964.

Empacher, Willy: Der Bau von Kunststoffbooten. – Bielefeld: Delius, Klasing 1973.

Exter, Jan Dirk van/Tol, Gé: Segeln lernen, kinderleicht. – Oldenburg: Gerhard Stalling Verlag 1975.

Gülcher, Coen: Wettsegeln leicht gemacht. – Bielefeld: Delius, Klasing 1971.

Henning, Herbert: Selbermachen am Boot. – Herford: Busse 1972.

Howard-Williams, Jeremy: Segel für Jollen. – Bielefeld: Delius, Klasing 1972.

Imhoff, Fred/Pranger, Lex: Das ist schnelles Segeln. – Bielefeld: Delius, Klasing 1975.

Kieschke, Klaus: Segeln. Lehren und lernen. – Itzehoe: Hansen & Hansen 1973.

Lernkarten für handliches Lernen. Frage- und Antwort-System zur Vorbereitung und Wiederholung von Führerschein-Fragen des Segelscheins A + BR-Sportbootschein. – Hofheim: Winco-Verlag.

Lund, Kaj: Bändsel, Leinen, Trossen und wie man damit umgeht. – Bielefeld: Delius, Klasing 1975.

Marchaj, C. A.: Segeltheorie und -praxis. – Bielefeld: Delius, Klasing 1971.

Mares, Uwe/Winkler, Reinhart: Windsurfing. – Bielefeld: Delius, Klasing 1975.

Moore, James/Turvey, Alan: Wir wollen segeln. – Bielefeld: Delius, Klasing 1975.

Oakeley, John D. A.: Gewinnen. – Bielefeld: Delius, Klasing 1972.
Overschmidt, Heinz: Führerschein (A) für Segler. – Bielefeld: Delius, Klasing 1972.
–: Lichterführung und Signale. – Bielefeld: Delius, Klasing 1972.
–/Bark, Axel: Der Sportbootführerschein. – Bielefeld: Delius, Klasing 1975.

Sass, Heinz-Jürgen: Katamarane und andere Mehrrumpfboote. – Bielefeld: Delius, Klasing 1971.
Schult, Joachim: Bootspflege selbst gemacht. – Bielefeld: Delius, Klasing 1972.
–: Bootsreparaturen selbst gemacht. Kunststoffboote. – Bielefeld: Delius, Klasing 1971.
–: Kleine Bootskunde für Jollen-Käufer. – Bielefeld: Delius, Klasing 1973.
–: Mann über Bord, was tun? Bielefeld: Delius, Klasing 1975.
–: Richtig ankern. – Bielefeld: Delius, Klasing 1974.
–: Segeln im Strom. – Bielefeld: Delius, Klasing 1974.
–: Segeln mit dem 7. Sinn. – Bielefeld: Delius, Klasing 1974.
–: Segeltechnik leicht gemacht. Bielefeld: Delius, Klasing 1973.
–: Sicherheit an Deck. – Bielefeld: Delius, Klasing 1975.
–: So arbeitet das Segel. – Bielefeld: Delius, Klasing 1973.
–: Umgang mit Bootsanhängern. – Bielefeld: Delius, Klasing 1975.
–/Creagh-Osborne, Richard: Das ist Segeln. – Bielefeld: Delius, Klasing 1972.
Sex, Tim: Segeln mit kleinen Kreuzern. – Bielefeld: Delius, Klasing 1971.
Sondheim, Erich: Knoten, Spleißen, Takeln. – Bielefeld: Delius, Klasing 1974.
Stein, Walter: Navigation leicht gemacht. – Bielefeld: Delius, Klasing 1974.
–: Wetterkunde für Segler und Motorbootfahrer. – Bielefeld: Delius, Klasing 1974.

Webb, Barbara: Achtmal Wassersport. – Bielefeld: Delius, Klasing 1966.

Über den Verfasser

Horst Schlichting, Jahrgang 1928, ist Chefredakteur der Zeitschrift *segeln*. Von Kindheit an begann er mit dem Segeln auf der heimatlichen Wakenitz, auf der Ostsee und den holsteinischen Binnenseen. Zahlreiche Regatten und Segelkurse wurden unter seiner Leitung durchgeführt; er selber war jahrelang auf fast allen Regattabahnen der Finn-Klasse zu finden. Heute segelt er ein seegehendes Dickschiff.

Horst Schlichting war Sportwart und Vorsitzender eines Segelclubs, Regattaleiter an der Ostsee, einige Jahre Vorstandsmitglied im Deutschen Segler-Verband und Obmann einer DSV-Führerschein-Prüfungskommission. Im Jahre 1969 gründete er, zusammen mit der Düsseldorfer Messegesellschaft, die Düsseldorfer Bootsausstellung «boot». 1975 holte ihn das neu gegründete «Deutsche Institut für Segelsport» als Ressortleiter Rennsegeln. Neben seiner journalistischen Arbeit befaßt er sich zur Zeit mit der Perfektionierung des neu eingeführten «Tor-Startverfahrens».

Sachregister

Abfallen 54
Ablegen 74
Abslippen 110
achteraus 50
Achterliek 34
Achterstag 41
Achtknoten 66
am Wind 50
Ankerfall 94
Ankerlichten 96
Ankerlieger 94
Ankermanöver 96
Ankern 94 f
Ankündigungssignal 135
Anluven 53
Anstecken 66
Anstrich 12
A-Schein 119
auflandig 71
Aufschießer 80
Auftrieb 54
Ausslippen 110

Backbord 50
backholen 55
Backstag 41
baden 117
Bahnänderungssignal 136
Baum 27
Baumniederholer 39
Beatmung 117
Beiliegen 80 f
Beplankungsarten 11
Bergelohn 93
Beton 13
Betonjachten 13
Boot, disqualifiziertes 136
Bootsanhänger 104
Bootsausstellungen 16
Bootskaufberatung 48 f
BR-Schein 119

Bucht 66
Bug 50

Cunningham 40

Diagonal-Karweel 11
Diamond-Verspannung 30
Dickschiff 18
Dirk 39
Drahtvorlieken 35
Drehreffeinrichtung 39
Druckverband 117

Ebbe 14
Einhandboot 16
Einlaufen 74
Ein-Minuten-Regel 136
Einparken 108
Eissegler 18

Faserpelz 116
Festmacher 39
Fieren 58
Flaggenalphabet 134
Flußrevier 113
Flut 14
Frühstarter 136
Führerscheinverordnung 119

Gewitter 113
GFK 13
Großbaumniederholer 61
Großschot 27, 28
Großschotblock 30
Großsegel 61
Grundtrimm 77
Gummifüßling 116
Gut, laufendes 27
–, stehendes 27

Haftpflichtversicherung 49
Halbwind-Kurs 50
Halse 54

Sachregister

Hängegurt 44
Heck 50
Heiß-Stropp 110
Hitzschlag 117
Hochsee-Mehrrumpfsegler 21
Holebug 58

Indienststellen 49

Jolle 14
Jollenkreuzer 18

Karweel 11
Kentern 88
Kieljacht 14, 18
Kielschwert-Jacht 14
Kimmkieler 14
Klassenvereinigung 10
Klebemarke 77
Klinker 11
Knoten 66 f
Kopfbedeckung 116
Körperpflege 115
Kranhaken 110
Kreuzknoten 66
Kreuzkurs 58
Kreuzschlag 58
Kunststoff-Depotverfahren 13
Kunststoffgeruch 13
Kunststoffrumpf 12
Kunststoffschot 28
Kunststoffsegel 31
Kunststofftauwerk 70
Kurbel 43

Laminat 13
Landsegler 18
Lateralkraft 58
Lateralplan 19
Lee 50
Leegierigkeit 78
Leitblock 28
Leitöse 28

Lieferumfang 49
Liektau 34
Lümmellager 30
Luv 50
Luvgierigkeit 78
Luvlieger 122

Mann über Bord 82 ff
Mast 27
Mastschuh 27
Mastspur 49
Mehrrumpfboot 14

Nahtspant 11
Neerstrom 113

Palstek 66
–, doppelter 66
Pflege 13
Platzwunden 116
Profil 34
Protestfrist 137
Punktsystem 128 f

Raum 122
Raumschots-Kurs 51
Regattasegeln 126 ff
Reklamation 49
Roringstek 66
Rückruf 136
Ruderblatt 43
Ruderfall 43
Ruderpinne 43

Safe-Leine 118
Saling 40
Sammelverzeichnis 16
Sandsegler 18
Schiften 61
Schlauchbootsegler 22
Schleppleine 92
Schlepptrosse 92
Schlitten 42

Schotklemme 43
Schotstek 66
schrad 34
Schricken 60
Schwert 42
Schwertboot 14
Schwertkasten 42
Segel 31
Segelkleidung 116
Segellatte 35
Segelschein 9
Segelschulen 8
Seglerstiefel 116
Segler-Verband, Deutscher 9
Slipstek 68
Sperrholzrumpf, formverleimter 11
Spinnaker 99 f
Spinnaker-Trompete 100
Spinnaker-Tuch 99
Sportbootführerschein 9
Stagen 30
Startlinie 131
Startposition 130
Startschiff 134
Starttaktik 130
Startverfahren 135
Steckreffeinrichtung 39
Steinbuhne 113
Stek 66 f
Steuerbord 50
Stopperstek 68
Straklatte 34
Straßenverkehrsordnung 106
Streckbug 58

Tabellenwerk 129
Taktiker 132
Tauwerk, geschlagenes 70
Tempern 13
Tonnerklasse 18
Torstart 137 f
Trailer 110

Trapezdraht 40
Trapezgriff 41
Traveller 56
Traveller-Einrichtung 43
Tuchschäden 50

Überholer 122
über Stag 71
Umlenkblock 39
Unterliek 30, 34
Unterliek-Strecker 39

Verklicker 58
Verletzungen 116 f
Vermessung 125
Vertragsabschluß 48
voraus 50
Vorbereitungssignal 136
Vorfahrtsregeln 121
Voriiekspannung 36
Vorschot 27
Vortrieb 61
Vorwind-Kurs 50

Waldschneise 112
Wanten 30
Wantenspanner 27
Webeleinsteg 66
Wendemarke 132
Wenden 54
Wetterbedingungen 112
Wettfahrtleitung 135
Wind, ablandiger 72
Windkanal 30
Windrichtungsanzeiger 58
Wollfäden 62

Zahnschiene 27
Zentralwinsch 43
Zielkreuz 132
Ziellinie 134, 137
Zielschiff 136
Zweimann-Jolle 16

Fotonachweis

Archiv Horst Schlichting, S. 15 oben, 19, 23, 26 unten, 32, 36, 37, 38, 44, 64, 73, 90 oben, 106, 167
Werner Beilstein, S. 41
Roland Denk, S. 87
Daniel Forster, S. 24, 25, 26 oben, 78, 79, 91, 93, 103, 124, 127, 128, 148
North Sails, S. 98
Karlheinz Oster, S. 17 unten, 42, 90, 100, 102, 152
François Richard, S. 118
Fred Schröder, S. 17 oben
YPS, S. 15 unten

Sportbücher: Training, Technik, Taktik. Mehr Spaß am Sport mit Programmen von Profis und Kniffs von Könnern. Die rororo Sportbücher werden von Profis für Amateure geschrieben. **Die Autoren sind:** Sportwissenschaftler und Dozenten, Trainer und Sportlehrer, Fachjournalisten und -referenten.

Walter Brehm: **Skisport.** Training, Technik, Taktik
Manfred Vorderwülbecke: **Skilanglauf.** Training, Technik, Taktik
Werner Freitag: **Schwimmen.** Training, Technik, Taktik

Hans-Dieter Trosse: **Handball.** Training, Technik, Taktik
Horst Schlichtig: **Segeln.** Training, Technik, Taktik (März 1977)
Klaas Bohlens: **Tennis.** Training, Technik, Taktik (April 1977)

rororo Sportbücher

Jeder Band der rororo Sportbücher ist ein praktischer Ratgeber, ein Übungsbuch, ein Lehrbuch und ein in sich geschlossenes Nachschlagewerk in einem.

Lehrbücher für Führerscheine

Führerscheine sind mehr als ein Stück Papier. Diese Bücher helfen bei der Vorbereitung auf die Prüfung und bleiben auch wertvoll in der Praxis danach:

168 S., 103 Abb., DM 13,80

200 S., 288 Abb., DM 24,–

184 S., 230 Abb., DM 24,–

Viele weitere Bücher sind für die Praxis nützlich. Darüber informiert Sie Ihre Buchhandlung oder unser Gesamtverzeichnis, das wir Ihnen auf Wunsch auch gern zuschicken. (4800 Bielefeld 1, Postfach 4809)

 Delius Klasing Bielefeld